KB220851

사명 앞에서 무엇을 준비할 것인가?

사역으로의 부르심

사역으로의 부르심

초판1쇄 인쇄 2021년 12월 10일
초판1쇄 발행 2021년 12월 11일

지은이 이진천
발행인 이왕재
편집인 차 한

펴낸곳 건강과 생명(www.healthlife.co.kr)
주   소 03082 서울시 종로구 연건동 대학로7길 7-4 1층
전   화 02-3673-3421~2 팩   스 02-3673-3423
이메일 healthlife@healthlife.co.kr
등   록 제 300-2008-58호

총   판 예영커뮤니케이션
전   화 02-766-7912 팩   스 02-766-8934

정   가 10,000원

ISBN 978-89-86767-56-8 03230

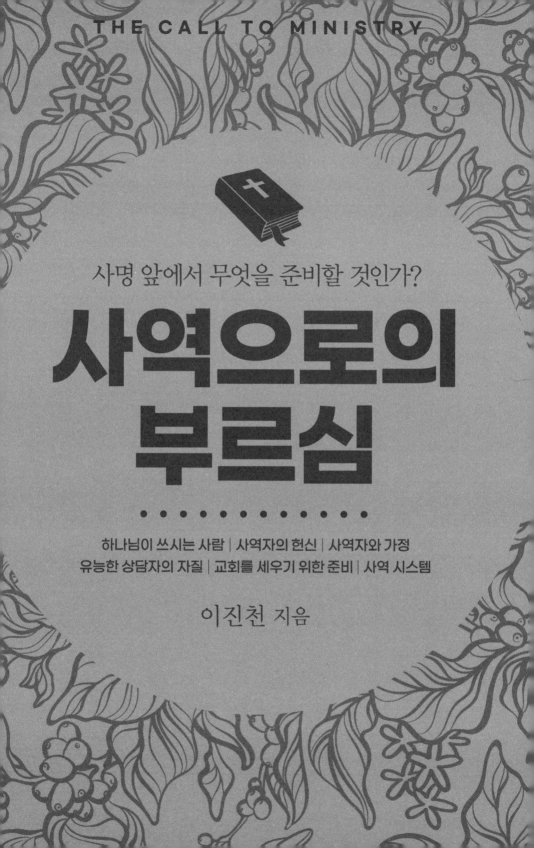

THE CALL TO MINISTRY

사명 앞에서 무엇을 준비할 것인가?

사역으로의 부르심

하나님이 쓰시는 사람 | 사역자의 헌신 | 사역자와 가정
유능한 상담자의 자질 | 교회를 세우기 위한 준비 | 사역 시스템

이진천 지음

✳ 목차

_ 현장 적용

✻ 프롤로그

주님의 부르심을 받고 준비하는 분들로부터 어떻게 사역을 시작할 것인지에 대한 질문을 자주 받습니다. 그때마다 많은 대답들을 해주지만 얼마 가지 않아 그들은 또 다시 내게 물어오곤 합니다. 그동안의 질문에 대한 것들을 정리하면서 사역자들에게 도움을 주고자 펜을 들었습니다. 사실상 사역의 주체이자 주관자가 교회의 머리되신 주님이시라는 사실을 생각하면, 구체적인 것까지 '이것만이 정석이다' 라고 주장할 수는 없습니다. 왜냐하면 주님은 그분의 사역을 이루어 가심에 있어서 다양한 방법으로 목양하시기 때문입니다.

우리는 병 고침 등 각종 능력이 나타나는 사역이 주를 이루었던 초대교회와 말씀과 능력으로 교회를 세워갔던 바울의 초기 전도여행을 돌아볼 수 있습니다. 초대교회의 말기 상황은 교회 안에 있는 각종 이단들에 대해 경계하고 싸울 것을 권면했던 모습도 목격됩니다. 이것은 비단 그 당시의 이야기만이 아닙니다. 오늘날도 주님께서 교회를 세워가심에 있어서 다양한 방법으로 이끌어가십니다.

오늘날 교회 가운데 의외로 많은 이들은 복음의 다양성을 인정하지 않습니다. 어떤 이들은 오늘날 병 고치는 일들이 교회에서 일어날 수 있다는 사실에 대해 부정적인 견해를 갖고 있습니다. 그리고 때로는 서로 변론하는 것이 교회의 일치를 해치는 일이라고 치부합니다. 더욱 심각한 것은 교회의 주인이신 주님이 교회를 스스로 지키실 것이라고 생각합니다. 이로 인해 교회 안에 들어온 각종 거짓 진리들에 대해서 둔감하다는 사실입니다.

사역자들이 주님의 일을 감당해감에 있어서 중요한 것은 고정관념을 버리는 것입니다. 고정관념과 선입견은 주님의 일들을 방해합니다. 이천년의 기독교 역사를 가지고 있음에도 불구하고, 오늘날 다수의 교회 지도자들이 이런 사고에 빠져있는 것이 현실입니다. 예를 든다면 그들 중 어떤 이들이 성경보다 칼빈이나 웨슬레의 신학적 사고를 더 높은 위치에 올려놓기도 합니다. 물론 그들이 입술로는 성경이 최고의 진리라고 말합니다. 어떤 사람은 구원의 시간과 성경구절을 기억하지 못하면 구원을 받지 못했다는 교리까지 만들어 놓았습니다. 그러나 이처럼 고정관념에서 벗어나지 않는 한 건전한 신앙을 보장받기는 어렵습니다.

누구나 베드로처럼 닭이 울 때 회개하는 일이 일어나는 것은 아닙니다. 또한 바울과 같이 다메섹 거리에서 예수님을 만나지도 않습니다. 이디오피아(구스)의 내시처럼 빌립과 같은 이가 성경을 풀어줌으로 예수 그리스도를 영접하고 세례(침례)를 받는 것도 아닙니다. 어떤 이들은 믿음의 가정에서 태어나 자연스럽게 구원에 대해 의심치 않고 주님과 더불어 살아갑니다. 어떤 이들은 일을 하다가, 어떤 이들은 성경을 읽다가, 어떤 이들은 무심코 걸어가다가 주님을 영접하기도 합니다. 우리는 복음을 받아들이는 자의 다양성을 인정할 수 있어야 합니다.

만일 사역자가 스스로 이처럼 다양한 사역들을 이해하지 못한다면 그는 스스로 오류에 빠지게 됩니다. 그리고 성도들의 신앙을 성장시키는데도 저해요인으로 자리 잡게 됩니다. 이 책에서는 성경이 말하고 있는 보편적인 사역의 기준을 다루게 됩니다. 이것은 사역자들이 갖추어야 할 최소한의 기본적인 것들입니다. 만일 우리가 이런 기준들을 무시하고 사역을 시작한다면 많은 난관을 만날 수밖에 없습니다.

우리가 주님의 교회를 올바르게 목양하게 된다면 주님께서 반드시 많은 것으로 보상해 주십니다. 이런 일들을 위해서 언제나 자신을 돌아보고 바른 사역을 할 수 있도록 준비해야만 합니다. 저는 수많은 시행착오를 겪으면서 얻은 사역의 경험과 깨달음을 여기에 담았습니다. 하나님의 부르심과 사역자로서 준비해야 할 것, 그리고 어떻게 현장에 적용할지에 대한 고민들을 정리했습니다. 부디 본서의 내용들이 주님의 일을 하는 모든 이들에게 도움이 되었으면 좋겠습니다.

2021년 12월 _ 이 진 천 목사

부르심

우리는 주님의 일을 하기 전에 소명이 있는지에 대하여 분명한 확신을 갖는 것이 중요합니다. 만일 부르심에 대하여 확신이 없다면 사역을 잠시 중단하고 기다려야 합니다. 실제로 주님의 일을 하는 이들 가운데 많은 이들이 부르심이 없이 사역을 시작합니다. 그것은 매우 위험한 일입니다. 우리는 주님의 일을 하기에 앞서서 분명한 소명을 가지고 주님의 일을 시작하고 있는지를 돌아볼 수 있어야 합니다.

1. 지도자의 기본적인 자질

나를 능하게 하신 그리스도 예수 우리 주께 내가 감사함은
나를 충성되이 여겨 내게 직분을 맡기심이니 (디모데전서 1:12)

한 해에도 수백, 수천 명의 사역자들이 배출되고 있는 것이 오늘의
현실입니다. 전국에 산재해 있는 신학교에서는 그들이 원하는 사역자
들을 배출해 내기 위해서 많은 돈을 들여 광고를 하고 자신들의 신학교
로 와 줄 것을 홍보합니다. 많은 사람들이 그들의 부름에 화답하듯이
입학을 하고 사역자가 되기 위한 훈련을 합니다. 그러나 안타까운 것은
그들이 모두 사역자가 되지 않습니다. 사역자가 되어 있더라도 사역 현
장이 매우 힘든 것이 현실입니다. 이 문제를 먼저 생각해 보고자 하는
것은 앞으로의 사역들을 좌우할 수 있기 때문입니다.

이 시대에는 많은 사역자들이 있습니다. 그러나 유감스럽게 일부 사역자들은 교회생활을 종교라는 틀 안에 가두어 놓고 복음의 빛을 가리는 일을 합니다. 그들이 그런 마음으로 시작한 것은 아니지만 훈련과 준비가 부족했기 때문입니다. 그렇다면 유능한 지도자가 되기 위해서 어떻게 해야 하는 것일까요?

📖 소명은 주님으로부터 시작되어야 합니다

오늘날의 사역자들에게 위험한 것은 소명이 주님으로부터 온다는 사실을 잊고 있다는 데 있습니다. 이것은 사역자뿐만이 아니라 성도에게도 동일합니다. 성도가 사역자의 자격을 논함에 있어서 어느 신학교를 졸업했으며, 어느 교단에 소속이 되어 있는지를 먼저 묻습니다. 그 까닭에 사람들은 자신의 지명도를 좀 더 높이기 위해서 명문으로 일컬어지는 신학교에서 돈을 주고 학위를 사는 진풍경까지 벌어지고 있습니다.

과연 좋은 사역자가 되기 위해서 명문 신학교를 졸업하고 대형 교단에 속해야만 하는 것일까요? 성경의 어느 곳에서도 사역자의 조건으로 이런 요구를 한 적이 없습니다. 물론 구약성경에서 선지자가 되기 위해 훈련을 받았다는 흔적이 있습니다(왕하 9:1). 그리고 엘리야가 그를 따르던 엘리사에게 사역을 위임했던 사실을 생각하면 지도자가 되기 위한 훈련은 필요합니다. 그렇지만 중요한 사실은 훈련, 자질, 지식, 경험 등도 필요하겠지만 먼저 주님으로부터 분명한 소명을 받아야 합니다.

우리는 주님의 부르심과 관련하여 모세의 이야기를 자주 사용합니다. 분명히 그는 주님으로부터 특별하게 부르심을 입은 자였습니다. 그러나 그는 과거에 지도자로서 실패한 경험이 있습니다. 40세 때 이스라엘 민족을 위해 무엇인가를 할 수 있다고 믿었습니다. 그래서 자신의 민족 문제에 관여했고, 잘못된 행동으로 이집트(애굽) 사람을 죽였습니다. 그 일로 인해 이집트로부터 도망을 했고, 광야에서 40년 동안을 양치는 목자로 지내야만 했습니다. 그가 이집트의 왕궁에서 최고의 학문과 지도력을 훈련받았다 할지라도 스스로 주님의 일을 하고자 했을 때 하나님은 쓰시지 않았습니다.

하나님은 광야의 훈련을 거친 자를 쓰십니다. 그가 목자로서 40년의 광야 훈련을 한 후 80세라는 나이에 주님께서 그를 부르셨습니다. 그는 이제 자신이 무엇을 할 수 있겠느냐고 주님에게 항변을 해보지만 주님은 그를 쓰셨고, 결국 이스라엘 백성을 이집트 땅에서 건져내는 위대한 일을 해냈습니다.

소명이 주님으로부터 온다는 것을 확실하게 말하고 있는 또 한 사건이 있습니다. 바로 이스라엘 역사상 가장 위대한 왕으로 불렸던 다윗의 이야기입니다. 다윗의 아버지 이새에게는 여덟 명의 아들이 있었습니다. 어느 날 사무엘이 하나님의 명령을 따라 하나님이 버린 사울을 대신하여 왕을 세울 자를 찾기 위해 그 집을 방문하게 됩니다. 그 집에는 아들 여덟 명이 있었습니다. 매우 늠름하고 용모가 수려했던 엘리압을 비롯하여 아비나답, 삼마 등 일곱 아들이 모두 지나갔지만 하나님은 그들을 택하지 않았습니다. 오히려 들판에서 양을 지키고 있던 다윗을 불러 기름을 붓도록 하셨습니다. 주님은 외모를 보시지 않는 분입니다 (삼상 16:7).

그렇다면 신약시대는 어떨까요? 우리는 베드로가 예수님을 얼마나 열정적으로 따랐는지 잘 알고 있습니다. 그는 주님의 뜻을 알기 위해 노력했고, 수차례에 걸쳐서 자신의 신앙을 보이려고 했으며, 심지어 예수님께서 죽으신다면 자신도 따라 죽겠다고 말했던 자였습니다(마 26:35). 그러나 이런 베드로조차 십자가 앞에서 예수님을 부인하고 심지어 저주하면서 배반하고 돌아섰습니다. 비록 오랜 시간 동안 예수님으로부터 훈련을 받았지만 아직은 쓰임을 받을 수 없었습니다.

예수님이 부활하신 후 제자들이 마가의 다락방에서 성령이 임하기를 기도하며 기다릴 때 베드로에게 오순절 성령이 임했고, 이때부터 사역자로서의 일을 시작할 수 있었습니다. 그가 사역자로 일할 수 있었던 것은 성령을 부어주셨기 때문입니다. 가룟 유다를 보십시오. 그는 3년 반 동안 예수님을 따라다녔지만 사역자가 될 수 없었습니다. 사역자는 먼저 주님으로부터 부르심을 받고 성령과 함께 사역해야 합니다.

우리는 이와 관련하여 또 한 사람을 만나볼 필요가 있습니다. 그는 바울입니다. 그는 분명하게 말하기를 "나를 능하게 하신 그리스도 예수 우리 주께 내가 감사함은 나를 충성되이 여겨 내게 직분을 맡기심이니"(딤전 1:12)라고 말하고 있습니다. 뿐만 아니라 모든 서신서의 첫 머리에 "우리 구주 하나님과 우리의 소망이신 그리스도 예수의 명령을 따라 그리스도 예수의 사도 된 바울"(딤전 1:1)이라고 자신을 소개하고 있습니다. 그는 누구보다도 소명이 주님으로부터 왔다는 것을 강조하고 있습니다.

만일 어떤 사람이 좋은 사역자의 조건에 세상 학문을 중하게 여긴다면 어떻게 대답하시겠습니까? 그때 우리는 이렇게 답해주어야만 합니다. "소명은 주님으로부터 오는 것입니다." 주님으로부터 크게 쓰임을 받았던 자들 가운데 과연 우리가 요구하는 조건을 충족시킬만한 자가 얼마나 있었을까요? 우리는 세상 학문이나 신학에 미흡했던 찰스 스펄전, 디엘 무디, 존 번연과 같은 분들의 위대한 사역을 평가절하할 것입니다.

📖 사역자는 간섭이 아닌 인도하는 자입니다

우리는 성경에서 "양무리를 치라"(벧전 5:2)는 말씀을 찾아볼 수 있습니다. 이 단어는 한국 교회 안에서 오해되고 있는 단어 중 하나입니다. 왜냐하면 이 단어가 마치 지도자로 군림하여 다스리는 형태로 발전되어졌기 때문입니다. 이 말씀은 "먹이라"(feed)는 말로 이해되어야 합니다. 왜냐하면 양무리를 치는 것은 주님이 하시는 일이기 때문입니다.

그렇다면 목자의 역할을 어떻게 말씀하고 있을까요? 성경은 목자였던 아벨, 다윗, 모세에 대하여 양을 지키는 자(keeper)로 소개하고 있습니다. 그것은 참 목자는 예수님이시고(요 10:11,14), 그들은 부르심을 입어 양을 돌보는 청지기를 의미하기 때문입니다. 오늘날의 교회 지도자는 예수님의 사역을 위임받은 자들이기 때문에 그분의 소유인 성도들을 자신의 의지와 뜻대로 해서는 안 됩니다.

오늘날 얼마나 많은 교회들이 착각을 하고 있습니까? 마치 교회의 주인이 목사나 장로라고 생각하면서 교회 안에 계급을 형성하고 있습니다. 그것은 잘못된 가르침이기도 하지만 주님의 자리를 위협하는 행동입니다. 지도자는 군림하는 자가 아니라 오히려 본을 보이고 앞서가는 자가 되어야 합니다(벧전 5:3). 이런 지도자가 되어있을 때 주님이 기뻐하시는 교회로 성장할 수 있습니다.

🕮 거짓 진리에 대한 방어

지도자에게 있어서 중요한 사역중 하나는 거짓진리를 분별해 내는 일입니다. 이것은 초대교회나 오늘날에 있어서 매우 중요합니다. 사탄은 여전히 교회를 위협하고 있고 다양한 방법으로 교회에 침투해 있습니다. 우리는 거짓이 참으로, 참이 거짓으로 여겨지는 시대를 살고 있습니다.

성경을 기준으로 볼 때 오늘날 교회에서 행해지고 있는 많은 전통과 유전 중에 하나님을 대적하는 사탄적인 것이 있습니다. 그러나 사탄은 교묘하게도 전통과 유전을 참된 것으로 위장하고 말씀대로 믿는 그리스도인들을 핍박하고 있습니다. 각종 형상들을 우상화하고, 교회 안에 계급을 만들어 지배하는 구조를 만들기도 합니다.

이런 사고들이 바뀐다는 것이 쉽지만은 않습니다. 주님으로부터 소명을 받은 지도자라면 그러한 잘못된 가르침으로부터 성도들을 보호할 수 있어야 합니다. 만일 지도자가 진리의 말씀대로 성도를 양육하지 않는다면 어떻게 되겠습니까? 선한 목자는 양들을 위해서 자기 생명을 내주는 자입니다(요 10:11). 물론 이것이 예수님 자신에 대해 말씀하신 것이지만 교회의 지도자들이라면 예수님의 이런 모습을 본받는 것은 당연합니다. 만일 거짓을 참으로 가르치는 일에 대하여 묵인하고 넘어간다면 양들은 이리의 밥이 되고 말 것입니다. 지도자는 거짓 진리에 대하여 목숨을 버리면서까지 방어해야 합니다.

📖 지도자는 성도들의 성장을 도와야 합니다

교회 안에는 많은 구경꾼 신자들이 있습니다. 그들은 일주일에 한 번 교회에 나와 말씀을 듣고 헌금하는 것으로 자신의 소임을 다한 것으로 착각합니다. 이에 대해 어떤 지도자는 그들을 좋은 신자라고 여기면서 격려하기도 합니다. 그러나 그것은 매우 위험한 생각입니다. 왜냐하면 생명이 있는 그리스도인이라면 자라가야 합니다(히 5:13,14). 성장하려면 교회 내에서 말씀을 배우고 기도 훈련을 해야 합니다.

어떤 이들은 구원받았다면 뭐가 더 필요하겠느냐고 말합니다. 심지어 지도자들조차도 그들이 교회생활을 어떻게 해야 할 것인지에 대해 말하지 않습니다. 다만 교회의 필요에 따라 움직여줄 것을 주문합니다. 지도자는 성도들을 꼭두각시가 되게 해서는 안 됩니다. 그렇게 된다면 그들은 더 이상 성장하지 않게 될 것입니다.

바울은 고린도와 에베소 교회를 향해서 성도들에게 주어진 은사(gift)에 대해 말합니다. 그는 하나님께서 모든 성도들에게 각각의 은사를 주섰다고 말하고 교회 안에 누구나 귀하지 않은 사람은 없다고 소개하고 있습니다. 그렇다면 지도자의 역할은 분명해졌습니다. 그들에게 주어진 은사를 분별하여 주님을 위해 헌신할 수 있도록 격려하고 이끌어주어야 합니다.

오늘날 교회들은 획일적인 생각을 가지고 성도들을 이끌어가려고 합니다. 자신이 가진 은사들을 다른 이들도 가져야 한다고 생각합니다. 그러나 건강한 교회는 모두 같은 은사를 가지고 있는 자들이 모인 곳이 아닙니다. 오히려 다양한 은사를 가진 자들이 모여서 서로 한 몸을 이루는 것이 건강한 교회의 모형입니다. 지도자는 이 일을 잘 할 수 있어야 합니다.

📖 지도자의 지도력에 따라 움직이는 교회

이 말이 다소 어색하게 들릴 수 있습니다. 하나님은 눈에 보이지 않지만 지도자들은 눈에 보이기 때문에 더 많은 영향을 받을 수 있습니다. 그래서 지도자가 성도들에게 계속적으로 본을 보이는 것은 매우 중요한 일입니다.

성경의 많은 곳을 통해 실패한 지도자들의 모습을 봅니다. 이스라엘의 초대 왕이었던 사울이 대표적입니다. 그는 처음에 하나님과 모든 사람들로부터 사랑을 받을 만큼 훌륭한 인격을 가진 자였지만 왕이 된 이후에는 하나님의 말씀에 귀를 기울이지 않음으로써 결국 비참한 최후를 맞이하게 된 자입니다. 기드온의 경우에 있어서도 예외는 아닙니다. 그는 하나님으로부터 부르심을 입어 용사 300명으로 135,000명을 이겼지만 그의 나태함(삿 8:27)으로 아들 70명이 서로서로를 죽이는 상황으로 치닫게 했습니다.

지도자는 결코 나태한 마음을 가져서는 안 됩니다. 그것은 패망으로 치닫게 만들 것입니다. 지도자는 행동 하나가 교회와 성도들 개개인에게 큰 영향을 미칠 수 있다는 생각을 가지고 있어야만 합니다. 만일 우리에게 근신하며 깨어있는 자세가 없다면 그는 지도자로서 치명적인 상황을 맞이할 수 있다는 점을 염두에 두어야 합니다.

📖 고난을 통한 훈련이 필요합니다

고난의 과정 없이 훌륭한 지도자가 된 자는 없습니다. 고난은 지도자의 자질과 영향을 키우는데 매우 중요하기 때문입니다. 위기의 상황을 넘겨보지 않은 사람이 위기의 상황에 놓인 그리스도인들을 건져낼 수 있을까요? 병들어 본 적 없는 사람이 병든 사람의 마음을 이해할 수 있겠습니까? 고난은 인생에 있어서 매우 쓴 것이지만 없어서는 안 될 중요한 것입니다.

모세에게 40년의 미디안 광야생활이 없었다면 이스라엘 백성을 이집트로부터 건져내는 위대한 지도자가 될 수 없었습니다. 다윗에게 사울의 쫓김의 시절이 없었다면 위대한 왕이 될 수 없었을 것입니다. 베드로가 배신과 통곡의 시간 없이 수제자로서의 역할을 감당할 수 있었을까요? 바울이 수많은 고난과 투옥을 경험했기에 주옥같은 서신서를 쓸수 있었습니다. 요한이 밧모 섬에 유배되어 아시아의 일곱 교회로 보내진 계시록은 어떻습니까?

지도자가 당하는 고난은 결코 우연한 것이 아닙니다. 주님의 계획에 의해 오는 것입니다. 그 시험은 우리가 감당할 수 있습니다. 왜냐하면 주님은 우리가 감당하지 못할 시험을 주시지 않기 때문입니다(고전 10:13). 지도자가 되기를 원하신다면 고난의 과정에 참여할 준비가 되어 있어야 합니다. 이 과정을 통과하지 않고는 훌륭한 지도자가 될 수 없기 때문입니다.

지도자가 되려고 하는 자들은 많으나 참된 지도자는 찾아보기가 어렵습니다. 그것은 의지만으로 되는 것이 아니기 때문입니다. 스스로 참된 지도자라고 소리를 내는 자들에게 속지 말아야 합니다. 왜냐하면 참된 지도자는 오직 주님께 부르심을 받은 자여야만 하기 때문입니다. 오직 그분에게만 충성스러운 자가 참 된 지도자입니다.

2. 하나님이 쓰시는 사람

하나님은 모든 시대에 걸쳐 구원 계획을 완성하시기 위해서 지도자를 세우셨습니다. 율법 시대에는 지도자의 중요성은 강조되었습니다. 그러나 복음시대에는 모두가 제사장이라는 이유로 예수 그리스도 외에는 지도자가 없다고 말하지만 그 속에서도 회중을 인도하는 지도자가 있습니다. 지도자는 교회를 세워가는 데 있어서 중요하기에 지도자의 역할을 아무리 강조해도 지나치지 않습니다.

오늘날과 같이 거짓 복음이 교회 안에 침투하여 진짜 행세를 하고 있는 상황에서 교회를 지키는 것은 쉬운 일이 아닙니다. 말씀으로 양육하고, 거짓 진리를 분별해 내며, 성도들을 천국으로 인도함은 물론 사단의 세력으로부터 보호해야 합니다. 그래서 하나님은 참된 지도자가 많이 나오길 바라며 그분이 쓰실 수 있는 그릇(딤후 2:21, 행 9:15)으로 준비된 일꾼들을 찾고 계십니다.

✝ 하나님이 버린 사울

사울은 실패한 왕이었습니다. 그는 이스라엘의 역사에서 가장 화려하게 초대 왕으로 등극했지만 왕이 된 이후로 비참한 세월을 보냈습니다. 악한 영에 의해 심한 고생을 하고(삼상 16:14), 평생을 왕위에 대한 불안감에 시달려야 했습니다. 다윗을 경계 대상으로 삼아 살해하려고 했고, 하나님의 말씀도 순종하지 않았습니다.

그러나 처음부터 사울이 악했던 것은 아닙니다. 그는 겸손한 자였습니다(삼상 9:21). 오히려 왕으로 선택되었음에도 불구하고 사양했던 자였습니다. 이런 사울이 왕이 되면서부터 무너지기 시작했습니다. 오늘날 하나님의 부름을 받고도 실족하여 그분의 뜻과는 다른 길을 걷는 자들의 모습과 같습니다. 사울을 통해 우리 가운데 있는 문제점들을 진단해 보고자 합니다.

✝ 사울은 순종이 제사보다 낫다는 사실을 망각했습니다

사울이 아말렉과의 전쟁에 나갈 때 하나님은 모든 것을 진멸시킬 것을 명령하셨지만 말씀에 불순종했습니다. 아말렉 왕 아각과 살진 짐승들은 남겨두고 가치 없고 낮은 것만 진멸시켰습니다. 이에 대해 사무엘은 순종이 제사보다 낫다고 사울을 책망했습니다.

지도자들도 이 부분에서 실패를 하고 있는 것을 봅니다. 외형적인 결과만을 중요시하는 세대이기 때문에 보이는 것만으로 판단을 합니다. 지도자가 교회에서 신앙수준을 물질과 명예로 판가름하는 관행은 오래 전부터 있어왔습니다. 그리고 교회 안에서 많은 헌금과 봉사 활동을 신앙을 평가하는 기준으로 생각합니다. 또한 지도자가 좋은 옷, 좋은 음식, 좋은 차, 좋은 집을 탐하며 분수에 맞지 않는 생활을 하고 있다면 위험한 일입니다.

외형적 삶의 모양보다는 내면의 성숙이 더욱 중요합니다. 왜냐하면 외형적 노력은 율법 신앙에 사로잡혀 스스로 넘어지거나 한계에 부딪혀 돌이킬 수 없는 수렁으로 빠져들기 때문입니다. 내면의 성숙은 시간의 흐름과 함께 외적인 선한 열매로 드러나게 될 것입니다. 지도자와 성도들은 내면의 성숙을 위해 힘써야 합니다. 그것이 바로 하나님께 온전히 순종하는 자들의 모습입니다.

📖 사울은 하나님보다 백성을 두려워하는 자입니다

민주주의 제도로 보면, 백성을 두려워하는 사울 왕의 모습은 오히려 위대해 보입니다. 통치자가 백성을 두려워하지 않는다면 그는 독재권력을 휘두를 것이 분명하기 때문입니다. 그러나 사울 당시 하나님께서 세우신 지도자는 하나님의 속성과 그분의 뜻을 바로 알아야만 했습니다.

하나님은 세상을 창조할 때부터 인간을 친밀함 속에서 통치하길 원하셨습니다. 인간이 범죄하고 하나님의 품을 떠나 사는 동안에도 그 뜻을 분명히 하셨습니다. 인간들이 하나님의 존재를 망각할 때 노아를 통해 새로운 세계를 시작하셨고, 바벨탑을 쌓아 하나님께 대적할 때도 언어를 혼란케 함으로 인류를 흩으셨습니다. 사람들이 하나님의 존재를 잃어갈 때 갈대아 우르에 있는 아브람을 부르셔서 민족을 이루셨습니다.

아브라함으로부터 시작된 하나님이 택한 백성들은 번성해갔고 하나님의 통치하에 친히 민족을 이루어갔지만 이후에 그들은 하나님의 통치를 거부하고 그들의 왕을 세우기를 열망함으로 사울을 왕으로 세웠습니다. 이 과정에서 하나님은 사울을 선택함으로 친히 통치권을 가지고자 했습니다(삼상 9:21). 그렇지만 사울은 자신의 통치권을 유지하려는 욕심으로 인해 하나님으로부터 버림받게 되었습니다. 결국 그의 권력에 대한 욕심이 사망을 낳게 된 것입니다(약 1:15).

위대한 사도 바울에게도 이런 유혹이 없었던 것은 아닙니다. 많은 이들이 바울을 존경했고, 따랐으며, 심지어 바울을 위해 자신의 생명까지도 바칠 수 있는 추종자들이 있었습니다(롬 16:3-4). 그러나 바울은 자신의 신분이 그리스도의 종임을 분명히 말합니다. 당시 갈라디아 교회가 율법 문제로 어려움을 겪자 율법주의를 멀리하고 복음 외에는 전하지 말 것을 선포합니다. 그리고 '이제 내가 사람들에게 좋게 하랴 하나님께 좋게 하랴 사람들에게 기쁨을 구하랴 내가 지금까지 사람들의 기쁨을 구하였다면 그리스도의 종이 아니니라'(갈 1:10)고 말합니다. 그는 사람들의 기쁨을 위해 구하거나 결정을 하지 않았습니다.

복음시대에는 하나님의 통치가 더욱 분명해졌습니다. 율법시대에는 소수의 지도자들을 통해 통치하셨지만 이제는 그리스도인의 마음 안에서 성령으로 하나님이 직접 통치하고 계십니다. 또한 모든 믿는 자들이 그분의 백성임을 분명히 하고 있습니다(빌 3:20).

🕮 사울은 하나님의 말씀을 버렸습니다

말씀을 어긴다는 것은 곧 대적한다는 의미입니다(삼상 15:2). 종이 주인의 말에 불순종한다면 도전의 행위로 간주하여 처벌하듯이 왕 되신 하나님의 명령을 거역한다면 버림받게 될 것입니다. 말은 곧 인격입니다(약 3:1-12). 우리에게 주어진 하나님의 말씀도 하나님의 인격 그 자체입니다. 우리가 말씀을 통해 하나님의 존재를 알 수 있는 것도 말씀이 인격이기 때문입니다. 성경에는 '하나님의 말씀을 받았다' (행 11:1), '육체의 마음 판에 쓴 그리스도의 편지' (고후 3:3), '말씀이 믿는 자 속에 역사하느니라' (살전 2:13)라는 말씀이 있습니다. 또한 우리 마음에는 하나님의 법(말씀)이 기록(히10:16-18)되어 있습니다. 말씀이 인격으로 우리와 함께 있다는 사실을 잊어서는 안 됩니다. 말씀을 지식으로만 받아들이고 있다면 그는 사울과 같은 어리석음을 범하게 될 것입니다.

✥ 하나님 마음에 합한 자 다윗

사도 바울은 다윗을 하나님 마음에 합한 자(행 13:22)로 소개하고 있습니다. 다윗의 생애를 들여다보면 순탄하지 않았습니다. 오히려 그는 살해의 위험 속에 인생의 전반부를 보냈고, 파란만장한 세월을 보냈습니다. 그러나 그는 자신이 언제나 부족함이 없는 평안한 삶을 누리고 있다고 고백합니다(시 23편). 과연 무엇이 다윗을 하나님의 마음에 합한 믿음의 사람으로 살 수 있게 했을까요?

✥ 다윗은 골리앗 앞에 선 믿음의 사람이었습니다

골리앗과 다윗의 싸움은 결과가 뻔한 싸움이었습니다. 다윗 자신도

이 싸움에 끼어들 생각을 처음부터 가지고 있었던 것은 아닙니다. 그러나 골리앗이 이스라엘 군대를 모욕하는 것을 보고, 하나님에 대한 도전으로 받아들였습니다(삼상 17:26). 그는 골리앗 앞에 나아갈 때 '이스라엘 군대의 하나님의 이름으로 네게 나아가노라'(삼상 17:45)고 말하면서 물매로 돌을 던져 골리앗을 쓰러뜨리고, 그의 칼로 목을 베어 전쟁을 승리로 이끌었습니다.

그리스도인들은 세상이라는 거대한 골리앗 앞에 서있습니다. 때로는 세상은 타협을 요구합니다. 복음을 헛된 것으로 만들기도 하고(갈 4:9-11), 철학과 헛된 속임수로 복음을 변질시키기도 합니다(골 2:8). 그들은 거짓 복음을 가르치면서 참인 것처럼 서있습니다. 그 앞에 있는 그리스도인들은 매우 작고 힘이 없어 보입니다. 다윗의 물매와 믿음이 무기였듯이 그리스도인들은 오직 말씀과 믿음이 무기입니다(살전 2:13). 다윗의 모습을 통해 보듯이 이 시대의 믿음의 사람들을 이끄는 지도자는 오직 말씀으로 거짓 복음과 거대한 악의 세력들을 무너뜨리는 자가 되기 위해 힘써야 합니다.

다윗은 범죄를 뉘우칠 줄 아는 자였습니다

다윗은 한때 방심함으로 간음죄와 살인죄를 저질렀습니다(삼하 11장).

나단 선지자에 의해 죄를 지적받은 이후로 그는 침상이 젖도록 회개하는 모습을 보이고 있습니다(시 6편). 회개의 의미는 돌이키는 것입니다. 다윗은 이후로 동일한 죄를 범하지 않는 회개의 본을 보여줍니다.

오늘날에도 많은 이들이 회개하지만 대부분 고백의 수준에 머물러 있습니다. 회개의 의미는 삶의 방향을 돌이키는 것입니다. 세상으로 향하는 발길을 천국으로, 죽음으로 향하는 발길을 생명으로 되돌려 놓는 것입니다. 진정한 회개의 뒤에 주어지는 것이 성령입니다(행 2:38). 성령은 우리로 하여금 죄를 짓지 않도록 돕습니다. 왜냐하면 성령은 그 속성이 죄를 미워하기 때문입니다.

오랜 신앙생활에도 불구하고 여전히 동일한 죄를 거듭하고 있다면 회개의 참된 의미를 다시 한번 점검해 보아야 합니다. 삶이 성령의 열매(갈 5:22,23)를 맺지 못하고, 예수 그리스도께서 함께하고 계심(요일 5:12)이 증거 되지 못한다면 회개의 열매를 맺기 위한 시간을 가져야만 합니다.

거룩한 삶을 살아가는 것은 자신의 의지로 되는 것이 아니라 성령의 능력으로 되는 것입니다. 지도자는 복음이 내 안에서 증거 되고 있는지 확인할 필요가 있습니다. 바울은 이 복음이 '말로만 이른 것이 아니라 또한 능력과 성령과 큰 확신으로 된 것임이라'(살전 1:5)고 말합니다. 복음은 우리 안에 인격적으로 다가옴을 강조합니다. 구원의 증거가 없는 삶은 열매 없는 나무와 같습니다. 죄에서 돌이켜 거룩한 삶으로 인도받지 못한다면 열매 없는 나무가 찍혀 불에 던져지듯 심판을 면할 수 없습니다. 이는 지도자로서 치명적인 상황을 맞게 되었다는 것을 의미합니다.

다윗과 요나단의 우정

지도자의 요건 가운데 중요한 덕목은 사람들과의 관계입니다. 인간 관계가 완만하지 못하면 인정받을 수 없습니다. 다윗은 요나단과 살아 있을 동안에도 돈독한 우정을 나누었습니다. 요나단이 죽고, 사울마저 죽은 후 왕위에 오르자 다윗은 요나단을 생각해서 그의 가족을 찾았고 사울의 손자이며, 요나단의 아들인 므비보셋을 찾아서 그를 돌보는 우정을 과시했습니다(삼하 9:9-13). 당시 절뚝발이였던 므비보셋은 자신이 죽을 것이라고 생각했습니다. 그러나 다윗이 밥상으로 초대하며 오히려 그를 후대했습니다. 이 말씀 속에는 절뚝발이요 신분상으로는 죽을 수밖에 없는 므비보셋 같은 인생을 구원하시려는 하나님의 뜻이 숨어 있음을 말하지 않을 수 없습니다.

다윗에게 있었던 하나님이 쓰실 만한 인격 가운데 변치 않는 우정은 단연 돋보이는 부분 중 하나입니다. 그는 전 생애에 걸쳐 한 번도 사람 관계를 저버린 적이 없습니다. 오히려 수많은 배반과 음모 속에서도 끝까지 신뢰함으로 훌륭한 동지들을 많이 얻을 수 있었습니다. 오늘날과 같이 달면 삼키고 쓰면 뱉어버리는 지도자들의 모습을 비교한다면 많은 생각을 하게 합니다.

그리스도인에게 있어서 모든 사람은 소중합니다. 미천한 자일지라도 천하보다 귀하게 여기는 것이 그리스도인의 사람을 대하는 자세여야 합니다. 다윗은 요나단이라는 한 사람에 대한 사랑의 모습을 제시하지만, 그리스도인은 모든 사람에 대하여 자신이 가진 최선의 사랑을 줄 수 있어야 합니다. 예수님은 이미 원수까지 사랑할 것에 대한 말씀을 주셨습니다(마 5:44). 진정한 그리스도인, 더 나아가 진정한 지도자, 하나님이 쓰시는 사람은 변치 않는 사랑으로 사람을 대할 줄 아는 자입니다.

진정한 지도자는 자신의 의지로 만들어지지 않습니다. 그들이 나타내는 열매로 자질을 볼 수는 있습니다. 사울과 다윗은 그 자격 여부를 판단하는데 기준이 되기도 합니다.

3. 사역자의 헌신

사역자는 하나님의 부르심에 대한 소명과 말씀에 대하여 순종이 필요하다는 점에 대해 말한 바 있습니다. 그 후 오랫동안 현장을 담당한 사역자에게 무엇을 준비해야 하는지 묻는다면 그들은 헌신이라고 말할 것입니다. 헌신하지 않는다면 아무리 뛰어난 재능, 환경, 물질도 소용이 없습니다.

선교사의 경우 반드시 뛰어난 언어 실력을 가지고 있어야 한다고 생각합니다. 그러나 그것이 사역을 성공적으로 완수할 수 있는 조건은 아닙니다. 그것은 헌신의 보조 수단에 불과합니다. 또한 구제를 함에 있어서도 많은 물질이 가난으로부터 건져내고 그들을 복음 안으로 들어올 수 있도록 할 것이라고 생각하지만 그것만으로 사람들을 감동시키지 못합니다. 헌신하고자 하는 마음과 함께 하는 물질이 귀중한 것입니다. 이처럼 사역의 모든 분야에서 중요한 것이 있다면 바로 헌신입니다.

✝ 헌신과 전임사역은 다릅니다

전임사역을 하고 있다고 '헌신한 사역자'라고 말할 수 있을까요? '아니오'라고 말할 수도 있습니다. 사역을 하나의 직업으로서 생각하는 자들이 있는데 성경은 그들에 대하여 삯군 목자라고 부릅니다. 그렇다면 진정한 참 목자의 기준을 예수님께서 말씀하셨습니다. "선한 목자는 양들을 위해 자기 생명을 내주거니와"(요 10:11)라고 하신 것과 같이 자신의 목숨을 포기한 자입니다. 헌신의 의미는 '몸과 마음을 바쳐 있는 힘을 다하는 것'입니다. 더 적극적인 의미로 목숨을 포기하는 것이라고 할 수 있습니다. 누구를 위해서 그렇게 하는 것입니까? 바로 양된 성도들을 위해 하는 것입니다.

가장 모범적인 분은 예수님이셨습니다. 그분은 교회를 위해 자신의 목숨을 버리신 분입니다. 오늘날 사역자들을 목사, 혹은 목자(Pastor)로 호칭하는 것도 바로 이런 예수님 사역의 뒤를 잇는다는 개념을 포함하고 있습니다. 그렇다면 당연히 사역자들도 성도들을 위해 기꺼이 목숨을 버릴 수 있어야 합니다.

어떤 이들은 사역에 전념하는 것을 매우 자랑스럽게 생각합니다. 또한 그것이 엄청난 명예를 가진 것으로 생각하기도 합니다. 그러나 그것은 상상할 수 없는 헌신이 요구되는 일입니다. 바울을 보십시오. 그가 복음을 깨닫고 주님의 일을 위해 헌신하기로 작정하고 안디옥으로부터 복음전도자로 파송이 된 후에 그는 상상할 수 없는 핍박을 당해야만 했습니다(고후 11:23-27). 그는 그것을 당연한 것으로 여겼고, 오히려 감사하고 있습니다. 그가 자랑스러워했던 것은 주님의 택정함을 받고, 복음의 능력을 경험하며, 하나님 나라를 전파하고 있다는 사실 때문이었습니다.

바울의 고민을 보십시오. 그는 사역자로서 활동하고 있지만 그는 사역자로서 자기 의로 복음을 전한다면 주님으로부터 버림을 받을까 두려워했습니다. 그는 이렇게 말합니다. "내가 내 몸을 쳐 복종하게 함은 내가 남에게 전파한 후에 자신이 도리어 버림을 당할까 두려워함이로다"(고전 9:27) 그렇습니다. 그는 주님 앞에서 헌신된 모습으로 살지 못하게 될 것을 두려워하고 있었습니다. 헌신하지 못하는 사역자는 주님 앞에서 부끄러운 존재가 될 것입니다. 사역자에게 중요한 것은 직분을 맡고 있는 것이 아니라 헌신된 모습이 중요하다는 사실을 기억해야 합니다.

✝ 열심보다는 헌신이 중요합니다

만일 어떤 사람이 주님의 일과 전혀 상관없는 일에 열심을 낸다고 합시다. 우리는 그가 성실하고 부지런하다고 할지라도 결코 칭찬하지 않습니다. 마찬가지로 우리가 헌신에 대해 말할 때 그의 부지런함과 열심만을 가지고 진정한 헌신에 대해 평가할 수 없습니다. 이 말을 하는 것은 오늘날 많은 사역자들이 부지런하고 성실하지만 실제로 그들의 삶은 복음에 합당한 모습을 가지고 있지 않기 때문입니다.

어떤 일을 하고 있는가 하는 것은 그 사람을 평가하는데 매우 중요한 기준입니다. 비록 그가 세상에서 무능하고 인정을 받지 못한다 할지라도 그가 바른 진리 안에서 행동한다면 그는 분명히 하나님으로부터 인정을 받게 될 것입니다. 헌신이라는 것은 바로 이런 것들이 뒷받침되어야 합니다. 그것은 단순한 열심과는 큰 차이가 있습니다.

진리를 위해 수고하는 자가 사람의 눈으로 볼 때 게을러 보일 수도 있습니다. 또한 아무 일도 하지 않는 것처럼 보이면서 무능해 보이기도 합니다. 그러나 분명한 사실은 헌신의 기준은 바른 진리 위에 있을 때 가치가 있습니다.

만일 일하는 것이 주님을 전혀 기쁘시게 할 수 없는 것이라면 그것은 의미 없는 헌신입니다. 열심만으로 우리가 헌신했다고 생각하지 마십시오. 먼저 진리 위에 우리의 헌신을 더할 수 있는 자세야말로 가장 기본적인 자세라고 할 수 있습니다.

🕮 은사는 주님의 은혜입니다

헌신이라는 용어가 사역자들에게만 국한된 것은 아닙니다. 그것은 그리스도 안에서 사는 자라면 누구나 해당됩니다. 왜냐하면 성경은 명백하게 모든 그리스도인들이 각각 헌신할 수 있는 각자의 은사를 주셨다고 말씀하시기 때문입니다. 흥미로운 사실은 그것이 모두 같은 것이 아니라 각자에게 맞는 다른 은사를 주신 것입니다.

많은 사역자들은 성도들이 자신과 같은 은사가 나타나기를 원합니다. 그러나 유능한 교회의 지도자라면 결코 그렇게 하지 않습니다. 오히려 자신이 가지지 못한 은사를 가진 사람들을 교회 안에서 효과적으로 봉사할 수 있도록 도울 것입니다. 그리고 자신이 가진 은사들을 주님을 위해 더욱 효과적으로 쓸 수 있도록 힘쓸 것입니다. 이것은 매우 중요한 일입니다.

사역자가 만능일 수는 없습니다. 다만 자신이 가진 은사들을 가지고 최선을 다해야 합니다. 자신보다 유능한 성도가 있다고 해도 시기할 필요는 없습니다. 그는 오히려 교회에 유익한 자입니다. 주님은 사역자가 얼마나 자신이 가진 은사에 대하여 충성스럽게 감당하고 있는가에 평가기준을 두십니다. 결코 그들이 가지지 못한 것을 열심히 노력해서 얻는 것을 보시는 분이 아닙니다.

므나의 비유(눅 19:13-24)와 달란트의 비유(마 25:14-30)에 대해 생각해 봅시다. 이 비유가 의미하는 것은 보는 시각에 따라서 조금씩 다를 수 있겠지만 한 가지 분명한 사실은 그들은 자신의 몫을 가지고 최선을 다했다는 것입니다. 그렇습니다. 헌신이라는 것은 하나님께서 자신에게 주신 은사에 대해 최선을 다하는 것입니다. 남의 것을 가지고 제 것인 것처럼 사용하고 열매를 맺으려 하는 것은 좋은 방법이 아닙니다. 오히려 그것은 많은 문제를 낳을 수 있습니다.

때로는 사역자로서 가진 은사가 부족할 수도 있습니다. 그러나 걱정할 필요가 없습니다. 그가 주님으로부터 부르심을 입은 것이 분명하다면 주님께서는 그를 통해 일하실 것입니다. 은사가 크든지 작든지 그것은 문제가 되지 않습니다. 문제는 그것이 주님께 드려지고 있는가 하는 것입니다. 어떤 이들은 가진 것이 부족하다고 생각하여 교회 내에서 심각한 열등감을 느끼는 자들도 있습니다. 그것 때문에 한 달란트 받은 자나 한 므나를 받은 자가 땅에 묻어두는 것과 같은 결과를 가져올 수도 있습니다.

주님은 우리가 얼마나 많은 재능, 혹은 능력을 가지고 일하는가를 보시는 것이 아닙니다. 주님이 보시는 기준은 그들이 가진 것이 과연 주님께 드려지고 있는 것인가에 있습니다. 그렇습니다. 주님은 부자가 많은 재물을 드리는 것보다 가난한 과부가 두 렙돈, 즉 한 고드란트 드리는 것을 더욱 가치 있게 생각하셨습니다(막 12:42, 눅 21:2). 누가 헌신을 할 수 없다고 말할 수 있습니까? 돈이 없어도, 능력이 없어도 몸이 약해도 얼마든지 헌신할 수 있습니다. 지금 내가 가지고 있는 모든 것들을 주님께 내려놓고 주를 위해 살아가면 되는 것입니다.

✝ 헌신을 흉내 낼 수는 없습니다

사역자를 위한 많은 세미나들이 열립니다. 그곳으로 가는 목적은 한 가지 입니다. 주님께 효과적인 헌신을 하기 위한 것입니다. 강사들은 저마다 자신들의 헌신하는 방법들을 소개하고 그들에게 동일한 방법의 헌신을 하도록 요구합니다. 기도, 말씀, 찬양, 봉사, 구제 등 다양한 방법들을 소개하며 사역자들로 하여금 만능이 되라고 말합니다. 실제로 그들은 목양의 일을 감당함에 있어서 만능이 되고자 합니다. 그들은 성공한 사역자들의 모습을 닮기 위해서 최선의 노력을 기울입니다. 그렇다고 성공하는 것은 아닙니다. 왜냐하면 헌신은 흉내 내는 것이 아니기 때문입니다.

손이 발의 일을 대신하기 위해서 물구나무로 서서 걸어 다닌다고 합시다. 그는 분명히 많은 땀을 흘릴 것입니다. 그리고 그것이 익숙해지려면 수없이 많이 연습해야만 합니다. 그가 아무리 멋지게 걸어 다닌다 할지라도 두발로 걸어 다니는 것보다 자연스러울 수 있겠습니까? 많은 사람들은 무작정 열심히 하는 것으로 헌신했다고 생각합니다. 그러나 그들 가운데 많은 이들은 마치 두 손으로 걸어 다니려고 애쓰는 자들과 같습니다. 그들의 헌신은 반드시 많은 부작용을 낳을 것입니다.

주님은 그리스도인 각자에게 맞는 은사를 주셨습니다. 그것은 그리스도인들이 몸의 지체로서 어떠한 삶을 살아야 하는지를 보여줍니다. 그것이 때로는 우리의 마음에 들지 않을 수 있습니다. 또한 덜 중요하게 보일 수도 있지만 그렇다고 해서 다른 지체들의 기능들을 흉내 내려고 해서는 안 됩니다. 몸의 지체들이 자신의 자리에 있을 때 가장 이상적인 몸이 되고, 또한 각각의 기능을 담당할 수 있기 때문입니다. 아직도 많은 사람들은 다른 사람들의 은사들을 흉내 내려 합니다. 그러나 그것은 우리의 몸, 즉 교회의 균형을 무너뜨리려 할 것입니다. 그것은 결코 주님이 바라시는 것이 아닙니다.

내가 가지고 있는 것이 작다고 무시하지 마십시오. 몸의 작고 약한 부분일수록 중요하기 때문입니다(고전 12:22-23, 약 3:5). 있는 그대로를 소중하게 여겨야 합니다. 과도하게 노력한다고 좋아지는 것이 아닙니다. 열심히 노력해서 눈이 좋아지는 것을 보셨습니까? 또한 입이 커집니까? 아니면 코가 커집니까? 물론 수술을 하면 좋아질 수는 있겠지요? 그러나 그것은 오히려 더욱 많은 부작용을 낳게 될 것입니다. 헌신을 흉내 내는 것은 바로 이렇게 수술을 한다거나, 혹은 자신의 역할과 관계없이 열심히 일하는 것과 같습니다.

자신이 먼저 주님께서 어떤 일을 하기 원하시는지를 살펴보아야만 합니다. 그리고 그 일에 자신이 드려져야 합니다. 맹목적인 열심을 내거나 남이 하는 것을 흉내 내는 것이 아니라 자신만이 가진 은사들을 주님을 위해 쓸 수 있어야 합니다. 우리의 주변에서 모범이 될만한 사람을 찾고 있지는 않습니까? 그전에 먼저 주님께서 내게 어떠한 은사들을 주셨는지를 생각해 보십시오. 하나님은 모든 사람을 동일하게 쓰신 적이 없습니다. 우리가 흉내 내는 일에만 매달린다면 하나님이 그에게 주신 헌신의 기회를 잃게 될 것입니다.

🔖 모든 것은 하나님의 소유입니다

이 문제를 다룸에 있어서 먼저 소유의 개념부터 다시 이해해야만 합니다. 왜냐하면 오늘날 많은 사역자들이 이 문제에 스스로 넘어지고 있기 때문입니다. 가끔 헌신했다는 자들이 재산의 문제를 놓고 분쟁하는 장면들을 목격합니다. 어떤 이는 교회가 자신이 원하는 정도의 물질을 채워주지 않으면 사역을 할 수 없다고 말합니다. 과연 그들을 진정한 사역자라고 말할 수 있을까요? 그는 분명히 소유의 개념부터 제대로 이해해야만 합니다.

성경은 세상 모든 것이 하나님의 소유라고 합니다. 하나님은 세상의 모든 것들을 창조하셨기 때문입니다. 만일 하나님이 세상을 만드셨다 하더라도 누군가에게 그 소유권을 넘기셨다면 더 이상 하나님의 것이 아니지만, 하나님은 그렇게 하신 적이 없습니다. 지금도 여전히 만물은 하나님의 소유이며(창 14:22), 친히 통치하시고 계십니다(계 1:5). 이 세상에서는 그분의 것이 아닌 게 하나도 없습니다.

하나님은 이 땅에 사람을 만드신 후에 그들에게 모든 것들을 맡기셨습니다(창 1:27-28). 그들은 모든 것을 다스렸고, 그 안에서 충만했습니다. 하지만 그들이 범죄함으로 세상의 모든 것은 사탄의 권세 아래 놓이게 되었습니다. 사탄의 일시적인 지배 아래서 사람들은 그들이 다스려야 할 자리를 빼앗겨버리고 말았습니다. 그러나 하나님은 예수 그리스도를 통해 죄 값을 지불하심으로 다시 회복시키셨습니다(막 10:45). 누구든지 그분을 믿기만 하면 우리는 장차 그분으로부터 소유권을 상속받을 수 있습니다.

성경은 우리가 살든지 죽든지 주의 것이라고 기록하고 있습니다(롬 14:8). 우리가 주님의 소유이기 때문에 주님께서 우리의 모든 삶을 유지시키고 계시는 분이심을 말하고 있는 것이기도 합니다. 그래서 우리는 주님에 의해서 하루하루를 살아가고 있습니다. 또한 세상이 그분이 처음 만드신 질서대로 움직이고 있다는 사실을 보아서 주님은 여전히 지금도 세상을 보호하시고 계신다는 것을 알 수 있습니다. 물론 마지막 때 심판주로 오실 주님의 인내가 함께하고 있습니다. 주님은 한 사람이라도 주님께 오기를 바라고 있습니다(벧후 3:9).

그리스도인들이 헌신해야 할 필요가 있는 것은 모든 소유가 주님의 것이기 때문입니다. 그러므로 소유를 주장하는 순간 주님은 그에게서 멀어지게 될 것입니다. 헌신된 자들은 결코 자신의 소유를 주장하지 않습니다. 그는 이미 자신의 생명조차 주님의 것임을 알기 때문입니다. 만일 여전히 자신의 소유를 주장하고 있다면 그는 아직 헌신한 자가 아닙니다. 헌신했다면 소유권이 주님께 있음을 인정하십시오.

📖 헌신의 동기가 주님으로부터 와야 합니다

사람을 보고 헌신하기로 마음을 먹었다면 그는 곧 실수했다는 사실을 알게 될 것입니다. 우리가 헌신해야 하는 대상은 주님이시기 때문에 헌신의 동기 또한 반드시 주님으로부터 와야 합니다. 사람들은 각종 집회나, 담임 사역자의 상담 등을 통해 헌신을 하게 됩니다. 그리고 부모의 권유나 아니면 스스로 판단해 주님의 일을 위해 헌신했으면 좋겠다는 막연한 생각을 가지고 사역자의 길을 가려고 합니다. 그러나 사역은 주님의 부르심으로부터 시작되어야 합니다.

주님의 일을 함에 있어서 어떤 이들은 신학교에서 열심히 배우는 것으로 사역자가 됩니다. 그리고 어떤 이는 아버지가 사역자이기 때문에 자신도 사역자가 되어 아버지의 사역을 세습합니다. 과연 이런 조건만으로 진정한 사역자들이라고 할 수 있을까요? 물론 이들 가운데는 훌륭한 사역자도 많이 있습니다. 그러나 그것만으로 충분하지 않습니다. 왜냐하면 사역자는 주님에 의해 세워져야 하기 때문입니다.

바울을 누가 부르셨습니까? 당연히 주님이십니다. 베드로는요? 물론 주님이십니다. 구약에서는 어떻습니까? 모세, 사무엘, 엘리야 등이 하나님에 의해서 부르심을 입었습니다. 그리고 그들은 부르심을 입은 이후에 주님께 모든 것을 맡기고 헌신하는 생애를 살았습니다. 사역하는 방법을 배워서 주님의 일을 하는 것을 성경에서 목격하신 적이 있습니까? 아니면 아버지의 뒤를 이어서 사역하는 장면을 보신 적이 있습니까? 많은 것을 배웠더라도 주님의 부르심에 대한 경험이 있어야 합니다. 아버지의 뒤를 이어 주님의 일을 함에 있어서도 역시 주님의 부르심이 있어야 합니다. 그것이 없다면 그를 하나님이 택한 사역자라고 할 수 없습니다.

헌신은 분명히 이런 부르심으로부터 출발이 되어야 합니다. 어떻게 부르심도 없는 자가 헌신을 할 수 있겠습니까? 스스로 주님의 일을 하겠다는 자들에게 속지 마십시오. 사역자로 헌신하기에 앞서서 반드시 주님의 부르심이 있어야만 합니다. 주님으로부터 부르심을 입었습니까? 그렇다면 이제 주님의 말씀에 순종하며 헌신하는 일만 남았습니다. 주님은 부르심에 헌신한 자를 통해 놀라운 일을 하실 것입니다.

준비

부르심이 있다면 사역을 위해서 충분히 준비해야 합니다. 이 준비는 단순히 지식을 쌓는 행위만을 의미하는 것이 아닙니다. 실제 사역의 현장에서 실력과 인격을 드러내는 것입니다. 성도들은 사역자의 삶이나 자세에 관심이 많습니다. 그리고 그들에 대한 인격적인 배려와 자세가 무엇보다도 중요하다고 할 수 있습니다. 그 까닭에 잘 준비된 자가 주님의 일을 잘 감당해 낼 수 있습니다. 우리는 주님의 일을 위해 무엇을 준비해야 할 것인지를 알고 잘 준비된 자로서 쓰임 받았으면 좋겠습니다.

4. 사역자와 가정

사역자에게 있어서 가정은 무엇보다도 중요합니다. 한 가정의 모습은 교회의 미래를 측정할 수 있는 척도가 되기 때문입니다. 사역을 어떻게 할 것인가를 다룸에 있어서 가정의 위치가 중요하기 때문입니다. 실제로 이 시대는 수많은 가정이 파괴되고 있습니다. 이런 일들은 사역자들에게 있어서도 예외가 아니어서 많은 사역자의 가정도 파괴되어 가고 있으며, 심지어 사역을 중단해야만 하는 사태에 놓이게 된 사역자들도 많습니다.

"한 아내의 남편이 되며 … 자기 집을 잘 다스려 자녀들로 모든 공손함으로 복종하게 하는 자라야 할지며(사람이 자기 집을 다스릴 줄 알지 못하면 어찌 하나님의 교회를 돌보리요)"(디모데전서 3:2-5)

사도 바울은 디모데에게 서신을 쓰면서 가정과 관련하여 말합니다. 디모데는 결혼을 해서 자녀를 둔 사역자로 보입니다. 왜냐하면 그는 에베소 교회에 첫 감독으로 부임한 자이기 때문입니다. 그렇다면 바울이 제시하고 있는 감독이 되기 위한 가정의 조건은 무엇일까요?

🔖 한 아내의 남편

바울은 사역자의 조건으로 한 아내의 남편이어야 한다고 말합니다. 의외로 많은 사람들이 이런 규칙을 무시하고 사역을 합니다. 실제로 구약 성경 안에는 믿음의 사람들이 많은 아내를 거느리고 생활을 하는 모습들을 봅니다. 그런 모습들은 이혼과 재혼을 거듭하고 있는 사역자들에게 변명할 수 있는 명분을 주기도 합니다. 그러나 신약시대에 있어서 이런 일들이 사라졌고, 바울이 디모데를 통해 감독의 직분, 혹은 집사의 직분을 맡은 사역자들은 한 아내의 남편이 되어야 한다고 가르치고 있습니다.

왜 바울은 한 아내의 남편이 되어야만 한다고 말하고 있는 걸까요? 그것은 단순히 가정의 안정만을 생각해서 쓴 것이 아닙니다. 성경은 많은 부분에 걸쳐서 남편을 예수님으로 비유합니다. 그리고 아내는 교회로 비유됩니다. 예수께서 교회를 세우기 위해 죽으셨습니다. 사역자(감독)

가 한 아내의 남편이 되는 것은 아내의 머리가 됨을 상징적으로 의미합니다.

"그러나 나는 너희가 알기를 원하노니 각 남자의 머리는 그리스도시요 여자의 머리는 남자요 그리스도의 머리는 하나님이시라"(고린도전서 11:3)

"아내들아 자기 남편에게 복종하기를 주께 하듯 하라 이는 남편이 아내의 머리 됨이 그리스도께서 교회의 머리됨과 같기 때문이니 그분은 그 몸의 구원자시니라"(에베소서 5:22-23)

📖 본이 되는 삶

사역자가 강단에 서서 설교를 하고 가르치는 것만으로 사역을 다할 수 있다고 생각합니다. 그러나 성경은 유감스럽게도 사역자가 하는 일들이 그것만이 아니라고 말합니다. 사역자의 자질은 결코 훌륭한 교사가 되는 것을 의미하는 것이 아닙니다.

"너희 중 장로들에게 권하노니 나는 함께 장로 된 자요 그리스도의 고난의 증인이요 나타날 영광에 참여할 자니라 너희 중에 있는 하나님의 양 무리를 치되 억지로 하지 말고 하나님의 뜻을 따라 자원함으로 하며 더러운 이득을 위해 하지 말고 기꺼이 하며 맡은 자들에게 주장하는 자세를 하지 말고 양 무리의 본이 되라"(베드로전서 5:1-3)

사역자의 삶이 본이 될 수 없다면 그가 전하는 말씀이 아무리 탁월하고 훌륭한 내용을 담고 있더라도 영향력을 발휘할 수 없습니다. 오히려 그의 탁월한 모습만큼 가증스럽게 여겨질 수 있습니다. 사역자가 한 아내와 더불어 산다고 하는 것은 예수 그리스도께서 교회를 위해 죽으신 것과 같은 이치로 설명했습니다. 만일 교회 안에서 한 아내의 남편이 되기를 거부한다면 이는 주님께서 그분의 교회를 버리실 수도 있다고 생각하는 것과 같습니다. 주님께서는 자신의 몸을 희생시키심으로 그분의 교회를 세우시고 신부로 맞아 주셨습니다. 영원히 안전하게 신부가 된 교회를 주님이 지켜주십니다.

사역자가 한 아내의 남편이 된다는 것은 바로 이런 신앙고백과 관련이 있습니다. 주님이 그의 아내가 될 교회를 위해 하신 일들과 매우 관계가 있기 때문입니다. 사역자가 본이 되어야 함에도 불구하고 이런 기본적인 간증이 포함된 가정의 기초가 흔들리게 된다면, 그는 더 이상 성도들을 인도할 명분을 가질 수 없습니다.

사역자들이 이혼을 하는 시대가 되었고, 심지어 동성연애자까지도 사역자가 되는데 있어서 신학적으로 문제가 없다고 주장하기에 이르

렀습니다. 성경은 그들의 주장에 결코 동의하지 않습니다. 주님의 교회가 누구에게나 맡겨지는 것은 아닙니다. 주님의 계획과 뜻을 알고 순종하는 자에게 주어질 것입니다. 그 가운데 온전한 가정은 필수적인 조건입니다.

✝ 자녀들로 공손함으로 순종하게 하는 자

바울은 왜 이런 조건을 사역자(감독)의 기준으로 삼았을까요? 사역자는 영적 자녀들을 낳는 자입니다. 자녀에게 모든 공손함으로 복종하게 한다는 것은 곧 존경을 받는다는 의미입니다. 가정의 자녀에게 존경의 대상이 된다면 영적 자녀로부터도 존경을 받게 될 것입니다. 그가 존경을 받을만한 가치가 있는 자라면 그의 입에서 나오는 말씀도 능력 있게 전할 수 있습니다.

아내는 남편에 대하여 한 몸으로서 철저히 순종해야 하는 입장이지만 자녀는 조금 차이가 있다고 할 수 있습니다. 그는 언젠가 부모의 곁을 떠나야 합니다. 그 까닭에 자녀가 부모를 보는 입장은 아내가 남편을 바라보는 것과는 차이가 있습니다. 어쩌면 자녀들은 사역자의 생활을 가장 객관적으로 바라봅니다.

사역자의 자녀가 그 부모를 존경하는 것이 쉬운 일이 아닙니다. 순종하기보다는 오히려 반항을 하고 불만을 털어놓는 일이 많은 것이 현실입니다. 그것은 자녀들이 부모가 주님의 일을 하는 것에 대하여 충분히 이해하지 못하기 때문입니다. 사역자는 자녀들에게 사역에 관하여 이해시켜야만 합니다. 왜냐하면 자녀들이 사역을 이해하지 못한다면 자녀들과 소통하기가 어렵기 때문입니다.

사역자의 자녀들이 부모가 사역을 하고 있다는 사실을 숨기려 합니다. 그것은 대부분 사역에 지쳐있고 경제적으로 풍요롭지 않기 때문입니다. 지금도 많은 사역자의 가정은 힘겨운 생활을 하고 있습니다. 사역자 스스로가 주님의 일을 감당하는 과정에서 생기는 이런 일들을 부끄럽게 생각한다면, 자녀들 역시 그 일들을 부끄럽게 생각하게 될 것이 분명합니다. 지혜로운 사역자라면 주님으로 인해 당하는 어려움이 이 땅에서 영광(榮光)스러운 것임을 자녀들에게 인식시켜 줄 필요가 있습니다.

어떤 사역자는 자녀들의 일로 교회의 재산을 임의로 사용하는 것을 봅니다. 물론 사역을 시작할 때에는 전혀 그럴 마음이 없었겠지만 자녀를 남들과 같이 키우려다 보니 일어난 일이라고 변명합니다. 그러나 좋은 대학을 보내고, 유학까지 시킨다 할지라도 훌륭한 자녀로 성장하는 것은 아닙니다. 하나님의 돌보심이 있을 때 올바른 그리스도인으로 성

장할 수 있습니다. 이런 마음으로 자녀를 양육한다면 공손함으로 순종
하게 할 수 있습니다.

🕮 교회와 가정, 어느 것이 먼저인가?

언젠가 저의 동료 목사가 질문을 했습니다. 교회를 선택할 것인가?
가정을 선택할 것인가? 그는 탁월한 능력과 유창한 언변으로 많은 회
중들을 사로잡았습니다. 그는 교회개척을 시작한 후 5년 만에 수백 명
의 교인과 넓은 대지 위에 4층짜리 건물을 건축하는 기적 같은 일들을
일구어냈습니다. 그는 장래에 촉망받는 젊은 지도자였습니다.

그에게 시험이 다가오고 있었습니다. 그의 바쁜 일정으로 가정에 소
홀했습니다. 그가 온전히 가정에 있는 날은 토요일 밖에 없었습니다.
그것도 설교를 준비하느라 밤을 지새우기에 가족과 함께 하기가 쉽지
않았습니다. 그의 대부분의 시간은 많은 집회와 심방으로 보내고 있었
고, 그의 아내는 어린 두 자녀를 키우며 가사에 전념하였습니다.

어느 날 그가 지방 집회를 다니던 중 이성의 유혹을 받게 됩니다. 그
여성은 매우 아름다웠고, 품위 있는 자태와 예절바른 행동을 갖췄습니
다. 그는 그녀의 모습에 반했고 결국에는 은밀하게 교제하게 되었습니

다. 얼마 지나지 않아 이런 사실을 아내가 알게 되었고, 이 문제를 교인들에게 말함으로써 문제가 되었습니다. 이 문제를 어떻게 해결할 수 있는지를 그가 제게 물었을 때, 그때 저는 그에게 가정을 지키라고 대답해 주었습니다.

그러나 그의 선택은 이혼이었고, 얼마 지나지 않아 은밀히 교제를 해 오던 그 여성과 결혼을 했습니다. 이때 모든 교인들은 그가 교회를 위해 열심을 다했기에 이 일에 동의했고, 그 자신도 최선의 선택이라고 믿었습니다. 그러나 이런 일이 있은 지 얼마 되지 않아서 그는 사역의 현장을 떠났습니다. 그리고 20여 년이 지난 지금까지 소식이 없습니다. 그는 전도유망한 사역자였지만 가정에 충실하지 못해 사역자로서 모든 것을 잃었습니다.

사역자가 굳이 유명해질 필요는 없습니다. 훌륭한 사역을 하지 못해도 괜찮습니다. 그러나 주님께서 맡겨주신 교회뿐 아니라 가정도 잘 다스려야 합니다. 지금도 일부 사역자들은 교회 일에 열심을 낸다는 이유로 가정을 소홀히 합니다. 그는 이미 사역자로서 자격을 잃은 자입니다. 왜냐하면 자기 집을 다스리지 못하는 자는 하나님의 교회를 다스릴 수 없다고 말하고 있기 때문입니다. 가정은 사역자에게 있어서 결코 소홀히 할 수 없습니다.

📖 사역자는 건강한 가정을 위해 힘써야 합니다

탁월하고 능력이 있지만 가정이 온전치 못한 사역자와 능력은 조금 부족해도 온전한 가정을 이룬 사역자 중에 누구에게 더 점수를 줄 수 있을까요? 당연히 온전한 가정을 이룬 사역자에게 높은 점수를 줄 수 있습니다. 성도들은 능력이 탁월한 자를 훌륭한 사역자라고 생각을 합니다. 목양의 일에 두각을 나타내지 못하면 사람들은 부족한 사역자라고 생각합니다. 그러나 그것은 매우 큰 착각입니다.

구약의 많은 곳에서 가정이 안정되지 못할 때 생기는 아픔을 발견할 수 있습니다. 아브라함은 사라와 하갈의 문제로 인해 하갈과 이스마엘을 광야로 쫓아내야 했습니다. 이삭 부부도 역시 자식들을 편애함으로 에서와 야곱이 서로 원수가 되게 만들었습니다. 이런 일들은 야곱에게도 마찬가지입니다. 그가 요셉을 사랑함으로 그의 형제들이 요셉을 이집트(애굽)의 종으로 팔아 넘겼습니다. 이외에도 성경의 많은 곳에서 가정의 불화가 가져오는 아픔을 발견할 수 있습니다. 하나님의 은혜를 입은 자임에도 불구하고 가정을 다스리지 못해 수치스러운 모습들을 드러냈습니다.

결국 건강한 가정을 이끄는 자가 건강한 교회를 목양할 수 있습니다. 사역은 숫자나 물질로 평가되지 않습니다. 건강한 가정과 더불어 건강한 목회를 만들어가야 합니다. 주님의 교회는 이 시대에만 존재하는 것이 아니라 주님이 오실 때까지 계속됩니다. 건강한 가정을 가진 목회자만이 주님의 일을 계속할 수 있습니다. 만일 우리가 가정을 뒤로하고 교회의 일에만 열중한다면 그는 정상적인 사역을 하고 있다고 말할 수 없습니다.

✝ 성도들도 건강한 가정을 위해 힘써야 합니다

"집사들은 한 아내의 남편이 되어 자녀와 자기 집을 잘 다스리는 자일지니"
(딤전 3:12)

교회 안에서 존경을 받아야 할 자는 먼저 가정을 잘 다스리는 자들이어야 합니다. 그 후에 잘 가르치고 헌금에 인색하지 않으며 봉사를 잘해야 합니다. 이것은 모든 성도들에게 적용됩니다. 성도들이 건강한 믿음의 삶을 살기 위해서는 건강한 가정을 가져야 합니다.

교회 안에서 정상적인 가정생활을 하지 못하는 성도들을 보면 그들의 영적 정서가 안정되지 못한 모습을 볼 수 있습니다. 이때 우리는 서로를 격려하고 위로하며 온전한 가정이 될 수 있도록 기도해야 합니다. 이것은 사역자들이나 성도들 모두의 과제라고 할 수 있습니다. 성도들도 건강한 가정을 위해서 힘써야 합니다. 가정은 사역자와 성도들이 정상적이고 경건한 삶을 살고 있는지를 나타내는 삶의 현장입니다.

5. 설교를 어떻게 할 것인가?

그리스도께서 나를 보내심은 세례를 베풀게 하려 하심이
아니요 오직 복음을 전하게 하려 하심이로되 말의 지혜로
하지 아니함은 그리스도의 십자가가 헛되지 않게 하려 함
이라 십자가의 도가 멸망하는 자들에게는 미련한 것이요
구원을 받는 우리에게는 하나님의 능력이라 (고린도전서 1:17,18)

설교에 대하여 나 자신도 늘 불만족스럽습니다. 매끄럽고 부드러운
말과 회중들을 감동시킬 수 있는 논리와 웅변을 겸비할 수만 있다면 좋
겠다고 생각하고 있습니다. 그러나 부족함에도 불구하고 설교에 대하
여 말해야 한다고 생각한 이유는 설교가 사역에 있어서 매우 중요하기
때문입니다. 바울 역시 "그들의 말이 그의 편지들은 무게가 있고 힘이
있으나 그가 몸으로 대할 때는 약하고 그 말도 시원하지 않다 하니"(고
후 10:10)라고 말한 바가 있습니다.

일반적으로 설교가 말을 잘 하는 것이라고 생각할 수 있습니다. 그러나 바울이 고백하고 있는 말씀들을 보면 설교가 유창하게 말을 잘하는 것이라고 하기에는 문제가 많다는 사실을 알 수 있습니다. 그것은 바울의 문제만은 아닙니다. 모세에게 있어서도 마찬가지입니다. 그는 대변인으로 아론을 내세웠습니다. 하나님의 말씀을 받아 대언하는 자로서 논리적이고 설득력 있게 전해야 했음에도 불구하고 그는 스스로 고백합니다.

"모세가 여호와께 아뢰되 오 주여 나는 본래 말을 잘 하지 못하는 자니이다 주께서 주의 종에게 명령하신 후에도 역시 그러하니 나는 입이 뻣뻣하고 혀가 둔한 자니이다"(출 4:10)

설교를 평가함에 있어서 논리나 매끄러운 표현들이 기준이 되지 않습니다. 오히려 그것은 사람들을 혼란스럽게 만들 수도 있습니다. 사람을 속여 장사를 하거나 사기행각을 벌이는 사람들이 있습니다. 그들의 공통점은 유창한 말과 행동으로 사람의 마음을 훔치는데 매우 탁월하다는 것입니다. 그들은 거짓말을 참말로 만드는 능력을 가졌습니다. 이처럼 설교를 통해 거짓 진리를 참인 것처럼 가르치는 자들이 있습니다. 그렇기 때문에 사람의 말만 듣고서 설교를 평가하는 것은 어리석습니다.

"주께서 허락하시면 내가 너희에게 속히 나아가서 교만한 자들의 말이 아니라 오직 그 능력을 알아보겠으니 하나님의 나라는 말에 있지 아니하고 오직 능력에 있음이라"(고전 4:19,20)

설교를 평가함에 있어서 중요한 것은 그가 얼마나 말을 잘하는가가 아니라 설교자의 말을 통해 얼마나 많은 그리스도인들이 변화되고 삶의 열매를 맺고 있는가를 보아야 합니다.

✝ 설교와 성경공부는 다릅니다

"우리가 그를 전파(preach)하여 각 사람을 권하고 모든 지혜로 각 사람을 가르침(teaching)은 각 사람을 그리스도 안에서 완전한 자로 세우려 함이니"(골로새서 1:28)

많은 설교자들이 설교와 성경공부의 차이를 구분하지 않습니다. 그럴 수밖에 없는 것은 교회가 굳이 이 두 가지를 분리해서 생각하지 않기 때문입니다. 매 주일이 되면 어김없이 동일한 사람들이 모여 예배를 드리기 때문에 설교자는 그들을 향해 좀 더 유익한 말씀들을 전하기 위해서 많은 연구를 하고 준비를 한 내용으로 말하면 된다고 생각합니다.

설교 강단이 단순히 성경을 가르치는 자리일까요? 오늘날 강단은 많은 지식들을 쏟아내고 있습니다. 그들은 성도들이 이해를 하든지 못하든지 상관하지 않습니다. 오직 새로운 지식을 발견하면 여과 없이 성도들에게 그것을 가르칩니다.

설교는 선포의 의미를 갖습니다. 이 말은 곧 설교가 하나님을 믿는 자들이 지켜야 할 삶의 지침과 경고의 의미를 담아서 전해야 한다는 것입니다. 그래서 신약성경에 나타나는 설교들은 대부분 듣는 자들에 대하여 설득하거나 이해시키기보다는 진리의 말씀을 선포하고 성도의 삶에 대하여 교훈과 책망과 징계에 관한 내용들을 담고 있습니다.

설교하는 것이 얼마나 어렵습니까? 때로는 지옥과 심판 그리고 하나님의 징계를 말해야 하기 때문에 전하는 자의 입장에서도 쉬운 문제가 아닙니다. 더구나 현대인들이 자기들의 귀에 거슬리는 말을 싫어하기 때문에 설교자로서는 매우 곤혹스럽습니다. 그 까닭에 설교자들은 회개를 선포하기보다는 사람들의 귀에 듣기 좋은 말로 가르치려 합니다.

"자기 때에 자기의 말씀을 전도(Preaching)로 나타내셨으니 이 전도는 우리 구주 하나님이 명하신 대로 내게 맡기신 것이라"(디도서 1:3)

예수께서 선포를 통해 많은 이들로부터 조롱과 멸시와 천대를 받으셨습니다. 바울 역시 전하는 과정에서 핍박을 받았습니다. 만일 삶의 결단을 요구하는 선포를 중단하고 지식만을 가르치는 일에 힘썼다면 이런 어려움은 겪지 않을 수 있습니다. 행동을 요구하는 선포에 비해서 가르치는 일들은 단순히 지식을 쌓는 것이기 때문입니다.

성경공부는 일차적으로 지식을 얻게 하기 위한 것입니다. 그것은 상대방이 이해하지 못할 때 충분한 시간을 두고 이해시킴으로 생명을 풍성하게 만들어 주는데 목적이 있습니다. 그러나 설교는 듣는 이에게 생명이냐? 저주냐? 천국이냐? 지옥이냐? 영접이냐? 불신이냐?와 같은 즉각적인 결단을 요구합니다.

설교자는 매주 복음을 전해야만 합니다. 초대교회 성도들은 모임이 있을 때마다 떡을 나누었습니다(행 2:46). 그들이 그렇게 한 까닭은 예수님의 죽으심을 기억하기 위한 것입니다. 이것은 설교자에게 있어서 중요한 의미를 가집니다. 설교자가 복음의 대한 내용인 주님의 죽으심과 부활과 생명에 대하여 말했을 때 온전한 설교라고 말할 수 있습니다. 설교의 주제는 다양하게 정할 수 있습니다. 그러나 설교를 통해 복음을 말해야 합니다. 아울러 경고해야 합니다. 강단에서 설교를 해야 하는 이유는 단 한 사람도 지옥에 가도록 방치할 수 없기 때문입니다. 지금 돌아보십시오. 아직도 교회 안에는 복음을 들어야 할 사람이 많습니다. 설교자는 그들을 향해 "예수님을 믿고 죄 사함을 얻어 구원받으십시오."라고 말해야만 합니다.

📖 설교는 상담을 위한 것이 아닙니다

어떤 사역자는 말합니다. "나는 강단에서 심방과 상담을 모두 한다." 이 말은 매우 매력적으로 들립니다. 그러나 설교와 상담은 다릅니다. 그리스도인들에게 있어서 진정한 상담자는 누구입니까? 보혜사, 즉 위로자가 되시는 성령입니다(요 14:16) 만일 설교를 통해 상담까지 하려 한다면 이는 성령의 활동을 무시하는 것이라고 할 수 있습니다.

성도들은 설교를 통해 자신이 위로를 받기를 원합니다. 그러나 그 위로가 무엇을 소원하느냐에 따라서 설교의 역할은 달라집니다. 만일 성도가 자신의 삶 속에서 일어나는 일들에 대하여 위로받기 원한다면 그는 설교를 듣기보다는 기도하는 것이 더 효과적일 수도 있습니다. 또한 말씀대로 살다가 확신을 잃어가는 성도가 있다면 복음에 관한 설교를 듣는 것이 큰 확신과 위로가 될 수 있습니다. 설교와 상담은 다릅니다.

성도들은 설교자들이 은혜가 충만한 상태에서 전할 때마다 자신을 향해 설교한다는 느낌을 받게 됩니다. 그래서 때로는 교회 안에서 사랑과 신뢰가 부족할 때 시험에 드는 경우들이 있습니다. 설교자가 같은 말을 하더라도 듣는 이들은 마음의 찔림을 받습니다. 그것은 결코 고의적으로 이루어지는 것은 아닙니다. 말씀은 그 자체가 능력이 있는 것이기 때문에 설교자가 그들의 마음을 찌르는 것이 아니라 말씀의 능력이 그들을 움직이고 있는 것입니다.

"하나님의 말씀은 살아 있고 활력이 있어 좌우에 날선 어떤 검보다도 예리하여 혼과 영과 및 관절과 골수를 찔러 쪼개기까지 하며 또 마음의 생각과 뜻을 판단하나니" (히브리서 4:12)

설교자를 통해서 자신을 향한 경고를 듣는다면 하나님의 뜻으로 받아들여야 합니다. 말씀을 전하는 자나 듣는 자가 설교 가운데 사소한 감정을 이입한다면 시험에 들 수 있습니다. 교회는 사랑과 말씀의 공동체이기에 서로 성령 안에서 위로를 주고받아야 합니다.

✞ 설교는 청중들의 죄 문제를 지적할 수 있어야 합니다

현대교회에서 언급되지 않는 설교들이 있습니다. 물질, 성, 술, 담배, 도박, 옷차림은 설교하기를 꺼려합니다. 그러나 만일 설교가 이런 문제들에 대해 옳고 그름을 지적해 줄 수 없다면 올바른 설교라고 할 수 있을까요? 설교 내용은 성도들의 생활 속에 구체적으로 적용되어야 합니다.

어떤 이들은 교회가 시대의 흐름에 맞춰야 한다고 주장합니다. 개인의 생활을 간섭하지 않아야 하며, 죄에 대하여 지적하는 것을 불편해 합니다. 그런 지적에 대해서는 의도와 관계없이 종교적이고 율법적인 가르침이라고 말하면서 강하게 거부합니다. 그러나 그것은 엄청난 착각입니다.

예수께서 설교하는 모습을 보면 허공에 대고 소리를 지르지 않았습니다. 예수님은 분명히 그 대상을 보고 계셨고, 그들의 죄를 지적하셨습니다. 심지어 그들에게 매우 심한 말로 책망을 하시기도 하셨습니다. 가령 "독사의 자식들" "회칠한 무덤"과 같은 말은 예수께서 바리새인들에게 사용하시던 말씀이기도 합니다.

사도들이 설교를 시작할 때의 모습을 봅시다. 베드로는 성령이 임한 후에 "유대인들과 예루살렘에 사는 모든 사람들아 이 일을 너희로 알게 할 것이니 내 말에 귀를 기울이라"(행 2:14) 그는 성령이 충만하여 분명한 대상을 놓고 말했습니다. 이는 바울에게 있어서도 마찬가지입니다. 아테네(아덴)에서 복음을 전하던 바울이 이렇게 말했습니다. "바울이 아레오바고 가운데 서서 말하되 아덴 사람들아 너희를 보니 범사에 종교심이 많도다"(행 17:22) 그는 아테네 사람들의 우상을 숭배하는 것에 대하여 허공을 향해 소리를 지른 것이 아니라 분명히 그 대상들을 향해 말하고 있습니다.

설교는 듣는 회중들에게 전하는 하나님의 말씀입니다. 그러나 어떤 설교자는 듣는 자들과는 관계없이 선포해야 한다고 생각합니다. 아무리 탁월한 지식을 전달하고, 아름다운 말로 사람들의 귀를 즐겁게 해준다 할지라도 회중과 관계있는 설교만이 참 설교라고 할 수 있습니다. 설교가 회중에게 말하지 않는다면 그 설교는 의미가 없습니다.

📖 설교가 신비적으로 보이도록 꾸미지 말아야 합니다

유명한 설교자들 중에 지나치게 높은 톤으로 혹은 낮은 톤으로 설교하는 모습들을 봅니다. 이것은 청중들에게 신비적인 것처럼 느끼게 만들어 주기도 합니다. 그래서 한때 많은 설교자들이 자신들의 목소리를 좀 더 근엄하고 은혜롭게 들리게 하기 위해서 산에 올라가서 큰 소리로 기도하며 약간 쉰 목소리로 설교하는 모습을 보여주기도 했습니다. 물론 요즘에는 이렇게 행동을 하는 사람은 많지 않지만 아직도 그것을 은혜로운 목소리로 생각하는 사람들이 있습니다.

설교는 상대방에게 정확하게 전달해야 합니다. 설교자의 목소리가 쉰 상태이거나 지나치게 높은 톤으로 사람들의 귀에 거슬린다면 말씀 전달에 많은 문제를 드러낼 수 있습니다. 이것은 자칫 복음의 전달 효과를 줄일 수 있습니다.

설교를 웅변조로 말할 필요는 없습니다. 평상시 자신의 모습과는 어울리지 않게 근엄한 목소리를 낼 필요도 없습니다. 일상적인 대화의 수준으로 말하십시오. 위대한 설교가라고 생각되는 바울도 말을 앞세우는 사람이 아니었습니다.

"내가 비록 말에는 부족하나 지식에는 그렇지 아니하니 이것을 우리가 모든 사람 가운데서 모든 일로 너희에게 나타내었노라"(고후 11:6)

바울도 말을 유창하게 하거나 근엄한 모습으로 말하지 않았습니다. 설교가 신비적인 말투로 증거한다고 효과가 있는 것은 아닙니다. 우리가 연약하면 연약한 대로, 강하면 강한 대로 있는 모습 그대로를 통해 전달해야 합니다. 성경 안에서 설교자들을 보면 누구도 설교훈련 받은 적이 없습니다. 설교자는 하나님이 사용하시는 하나의 도구이기 때문입니다.

📖 설교를 통해 바른 지식을 전달해야 합니다

주변에는 탁월한 설교자들이 있습니다. 사람들은 그들에 대하여 깊고 탁월한 지식을 가지고 있을 것이라고 생각합니다. 그러나 많은 이들을 구원으로 이끌었던 설교자들의 설교를 들어보십시오. 그들의 설교는 복음에 대하여 쉽고 명쾌하게 드러내는 설교였습니다.

설교는 불신자들이나 경건치 못한 자들을 바르게 인도할 수 있도록 선포하는 것입니다. 그 일을 위해서 설교자가 많은 지식이나 말로 전하는 것보다 오히려 단순하고 쉬운 말로서 그들을 인도하는 것이 더욱 효과적입니다. 그렇다고 설교자들에게 지식이 필요가 없다는 말은 아닙니다. 전하는 자가 바른 지식을 가지지 못하면 자칫 거짓 진리로 전할 수도 있기 때문입니다.

청중들이 알아듣기 어려운 말을 사용하지 마십시오. 어린이로부터 노인까지, 무식한 자로부터 지식이 있는 자까지 듣는 이들은 다양합니다. 만일 설교자가 청중이 듣기 어려운 말을 구사함으로 듣는 자가 복음을 이해하지 못한다면 자칫 구원에 이를 수 있는 기회를 놓치게 됩니다. 쉽고 명쾌한 설교를 하게 된다면 더욱 많은 이들이 구원을 얻을 수 있습니다.

📔 설교에 적절한 예화가 필요합니다

설교의 기본 뼈대는 성경이어야만 합니다. 그러나 설교를 진행해 감에 있어서 반드시 성경에 있는 것만을 설교할 필요는 없습니다. 불신자들이나 경건치 못한 그리스도인들은 성경보다는 세상의 일에 더 관심이 많습니다. 우리가 성경에 있는 이야기만을 고집한다면 그들은 아예 귀를 막아버릴 수도 있습니다. 어떤 이들은 성경 말씀이 살아있고 권능이 있는 것(히 4:12)이기 때문에 성경만을 말한다면 그것이 사람의 마음을 움직일 수 있을 것이라고 주장합니다. 그러나 그들의 마음이 열리지 않은 상태에서 설교를 진행하는 것은 결코 좋은 방법이 아닙니다.

청중들의 마음을 여는 것은 적절한 예화입니다. 예수께서도 많은 비유를 들어 설교하셨습니다. 눈앞에 보이는 모든 사물들이 설교의 주제가 되기도 했습니다. 지금은 시대가 많이 변해서 성경에 나오는 농경문화를 예화로 들기에는 시대감각이 떨어집니다. 그러나 주변에는 이 시대에 맞는 설교 재료가 넘쳐납니다. 우리의 생활에서는 과거보다 많은 사건과 이야기들이 있습니다. 이런 예화들은 효과적으로 사람들의 마음을 여는데 도움을 줍니다. 듣는 사람들의 마음을 열고 그 속에 예수 그리스도의 복음을 심는다면 반드시 풍성한 열매를 맺을 수 있습니다.

예화가 성도들과의 생활과 무관한 내용으로 진행되는 것은 무의미합니다. 할 수만 있다면 우리의 생활 주변에서 일어나는 일들을 설교의 재료로 삼아야 합니다. 현장감 있는 설교재료들은 성도들의 마음을 쉽게 열어줄 수 있습니다. 설교 중에 예화를 돕기 위해 많은 책들이 출판되어 나와 있습니다. 그러나 할 수만 있다면 책들을 의지하는 것보다 생활 주변에서 일어나는 사건들이 더욱 효과적일 수 있습니다.

설교가 다양한 내용을 담는다고 좋은 것만은 아닙니다. 그것은 오히려 설교의 집중력을 흔들어 놓을 수 있습니다. 설교자들은 강단에 서면 많은 이야기를 하고 싶어 합니다. 그것은 좋은 방법이 아닙니다. 성도들은 대부분 교회 밖을 나가면 방금 들었던 설교를 기억하지 못합니다. 그러므로 한 가지 주제에 대해 집중적으로 설교하는 것이 좋습니다.

효과적인 예화는 단순하면서도 설교의 주제를 돋보이게 할 수 있는 것입니다. 매번 이런 식으로 설교할 수 있다면 좋겠지만 현실은 결코 쉽지 않습니다. 그러나 평상시에도 기도하며 설교의 재료들을 준비한다면 훌륭한 설교를 통해서 많은 이들을 구원으로 이끌 수 있습니다.

🕮 효과적인 설교 전달을 위해 디자인이 필요합니다

설교에 방법은 없습니다. 복음을 가장 효과적으로 전달하여 듣는 이들이 구원에 이를 수만 있다면 어떠한 방법을 사용하여도 괜찮습니다. 이 일을 위해 연극적인 요소, 예화, 비유, 시청각 등 자료를 사용할 수도 있습니다. 그러한 방법을 쓰는 것은 복음을 이해하는데 도움을 주고, 또한 그들이 들은 말씀을 오래도록 기억하게 될 것입니다.

일부 교회들이 열린 예배를 통해 예배에 연극적인 요소나 뮤지컬 공연과 같은 특별한 형식을 사용하기도 합니다. 이런 방법에 대하여는 전적으로 권하지는 않습니다. 왜냐하면 대부분 그곳에는 설교의 가장 기본 원칙인 말씀선포가 결여되었기 때문입니다. 단순히 기억에 남는 예배를 위한 것이라면 그것은 올바른 방법이 될 수 없습니다. 그러나 각종 시청각을 동원하여 복음을 효과적으로 선포할 수 있는 기회를 얻을 수 있다면 권하고 싶습니다. 그것은 설교가 성도들에게 오래도록 기억될 수 있도록 돕기 때문입니다.

설교자는 설교에 대하여 디자인을 해야 합니다. 단순히 원고를 준비하고 강단에 올라가서 내용을 읽어가는 설교라면 듣는 이들은 지루할 수 있습니다. 설교자는 성도들로 하여금 즐거움으로 설교를 기대할 수 있도록 해야 합니다. 물론 성숙한 그리스도인들에게 내용만 잘 준비되어 있다면 지루한 설교라도 은혜가 될 수 있습니다. 그러나 설교는 믿음이 좋은 성도들만 앉아서 듣는 것이 아닙니다. 그들을 위해서 준비되고 계획된 설교를 해야 합니다. 복음을 선포함에 있어서 설교자에게 기준을 두는 것이 아니라 듣는 회중에게 맞추어 전해야 합니다.

설교는 단순하게 이론으로 설명할 수 없습니다. 또한 특별한 지식과 능력을 필요로 하지 않습니다. 다만 복음을 얼마나 효과적으로 전하는가에 따라서 설교자의 능력이 평가될 수 있습니다. 설교자는 복음을 선포하기 위해서 많은 기도의 시간을 가져야만 합니다. 그것은 우리가 전하는 복음을 더욱 효과적으로 전달해 줄 수 있도록 도울 것이기 때문입니다.

✝ 설교를 위한 원고를 준비하십시오

설교자가 원고를 작성하는 유형은 여러 가지입니다. 어떤 설교자는 원고를 작성하지 않는 경우도 있고, 어떤 이는 요약만을 정리하기도 하며, 어떤 이는 말할 모든 내용을 기록하기도 합니다. 할 수만 있다면 내용을 기록하는 것이 좋습니다. 그것은 강단에서 안정감을 가져다 줄 것이며, 설교의 주제가 밖으로 흘러가는 것을 막아줍니다. 설교자들이 힘들지만 가장 선호하는 방식이기도 합니다.

내용을 작성하고자 한다면 한편의 설교에 대한 개요를 정리할 필요가 있습니다. 그것은 설교의 전체 내용을 작성하는데 매우 필요합니다. 어떤 설교자는 전체적인 개요 없이 써내려 가는데, 이는 자칫 주제로부터 이탈할 가능성이 있기 때문에 권하지 않습니다. 자신이 가지고 있는 감정과 느낌, 그리고 반드시 전해야 할 내용들을 개요에 맞게 내용을 작성해 간다면 훌륭한 설교 원고를 완성할 수 있습니다.

설교 작성 원고를 개인적으로 권하는 다른 이유가 있다면 나중에 자료로 사용할 수 있다는 장점 때문입니다. 이 후에 설교를 작성할 때 참조할 수도 있고, 때로는 한 권의 책으로 남겨서 회중들에게 묵상할 수 있는 기회를 만들어 줄 수 있습니다. 그래서 설교자는 글 쓰는 훈련이 필요합니다. 이처럼 좋은 습관은 훌륭한 설교자가 되는데 도움이 될 것입니다.

설교는 종합예술이라고 할 수 있습니다. 성경본문과 더불어 역사, 문화, 경제, 인문학, 철학 등이 뒷받침되어 작성되어야 하기 때문입니다. 여기서는 일부만 다루었지만 추후 기회가 되면 별도로 다루겠습니다. 중요한 것은 설교의 준비가 사역자에게는 매우 중요하다는 점을 반드시 기억했으면 좋겠습니다.

6. 유능한 상담자의 자질

사역자에게 있어서 설교 다음으로 중요한 것은 상담입니다. 상담은 매우 큰 비중을 차지합니다. 사람들은 설교에 큰 감명을 받고도 교회를 떠나는 경우가 있습니다. 적절한 상담을 통해 그들이 교회 안에서 신실한 삶을 지속할 수 있도록 하는 것이 사역자에게 매우 중요합니다.

"사람보다 하나님께 순종하는 것이 마땅하니라" (행 5:29)

"이제 내가 사람들에게 좋게 하랴 하나님께 좋게 하랴 사람들에게 기쁨을 구하랴 내가 지금까지 사람들의 기쁨을 구하였다면 그리스도의 종이 아니니라" (갈 1:10)

사역자는 주님의 일을 맡은 청지기, 즉 종으로서 일을 하는 자입니다. 대부분의 사역자들이 상담에 실패하는 가장 큰 이유가 바로 이 사실을 잊고 있기 때문입니다. 하나님을 기쁘시게 하는 일은 상담하는 자들에게 있어서 가장 기본이라고 할 수 있습니다. 상담은 피상담자와 마음을 나누는 것입니다. 그러나 성경의 가르침을 생각하지 않고 감정만 교류하게 된다면 그 상담은 실패하게 될 것입니다. 이제 살펴보고자 하는 것은 그리스도인의 상담 원칙에 관한 것들입니다.

🕮 하나님이 우리와 함께하심을 알게 하십시오

모든 상담의 결과는 하나님께 영광을 돌리는데 있습니다. 만일 상담이 육신적인 문제를 해결하고 그 안에서 만족하는 것으로 끝맺는다면 그 상담은 그리스도인의 상담과 관련이 없습니다. 그리스도인의 상담 결과는 믿음의 성숙을 가져다 줄 수 있어야 합니다. 그리스도인들의 상담은 사람들의 유익을 얻는 데 있지 않습니다.

상담자는 먼저 자신이 하나님 편에 있다는 사실을 피상담자에게 보여줄 수 있어야 합니다. 그러한 자세가 피상담자로부터 불쾌한 반응을 얻어낼 수도 있지만 시간의 흐름과 더불어 신뢰를 더할 수 있습니다. 오히려 상담자가 자신의 지식과 감정에 의존해 임기응변으로 일관한다면 그는 잠시 좋은 반응을 얻어낼 수 있을지라도 시간이 지나면서 신뢰를 잃을 수 있습니다.

상담의 결론은 하나님께 영광을 돌리는 것으로 끝을 맺어야 합니다. 그것은 처음부터 하나님의 은혜 가운데 진행이 되었을 때 가능합니다. 비록 상담자와 피상담자 둘이 앉아 대화를 하고 있더라도 그 자리에 주님이 함께하고 계신다는 사실을 인식시키도록 하는 것이 중요합니다(마 18:20). 그러한 자세로 상담에 임하게 된다면 문제는 해결이 될 수 있습니다. 왜냐하면 그리스도인들에게 있어서 실질적인 문제의 해결자는 주님이시기 때문입니다.

✎ 대화 가운데 흥분해서는 안 됩니다

대화 중에 흥분을 하게 된다면 그는 제대로 상담할 수 없습니다. 성경 안에서 모세가 흥분함으로 두 가지의 실수를 저지르는 모습을 봅니다. 하나는 십계명 돌 판을 깨뜨리는 것이고(출 32:19), 또 하나는 가데스에서 반석을 두 번 치는 실수를 범한 것입니다(민 20:7-11). 특히 반석을 두 번 친 후에 주님께서는 그에게 충격적인 말씀을 하십니다.

"여호와께서 모세와 아론에게 이르시되 너희가 나를 믿지 아니하고 이스라엘 자손의 목전에서 내 거룩함을 나타내지 아니한 고로 너희는 이 회중을 내가 그들에게 준 땅으로 인도하여 들이지 못하리라 하시니라"(민 20:12)

이 말씀의 의미를 생각해 보셨습니까? 모세는 그의 누이 미리암이 죽은 지 얼마 되지 않았을 때에 이스라엘 백성들로부터 물이 없다고 불평하는 소리를 듣고 있습니다. 백성들은 모세의 기분을 전혀 이해하지 못하고 있습니다. 모세의 감정이 매우 상한 것은 당연합니다. 그는 지금 흥분하기에 충분한 환경 가운데 있었습니다. 그리고 흥분해서 반석에서 말하라는 주님의 말씀을 뒤로하고 그가 가지고 있는 막대기로 반석을 쳤습니다. 그는 이 일로 인해 가나안에 들어가지 못하게 됩니다.

이것은 상담자들에게 매우 의미 있는 장면입니다. 상담자는 자신의 감정을 드러내서는 안 됩니다. 그것은 모세가 그랬듯이 분별력을 잃어서 주님의 방법으로 해결할 수 없도록 만듭니다. 하나님의 방법은 반석에게 말하는 것이었지만 모세가 막대기로 반석을 치는, 즉 자신의 방법으로 문제를 해결하는 모습을 보였던 것처럼, 흥분을 한다면 결국 하나님의 방법이 아니라 자신의 방법에 따라 문제를 상담자가 해결하려는 것이 될 수 있습니다.

상담자에게는 냉정함이 필요합니다. 많은 사역자들이 이 부분에 실패합니다. 그들은 자신의 격한 감정을 이기지 못해 성경에 기록된 말씀을 버리고 자신의 생각대로 문제를 해결하려 합니다. 그들이 표면적으로는 성공한 것 같지만 이는 실패한 상담입니다. 모든 문제의 해결을 위해 성경 안에서 답을 찾으십시오. 만일 감정에 의존하게 된다면 피상담자에게 뿐만 아니라 상담하는 자신에게도 엄청난 피해를 안겨다 줄 것입니다.

📖 들으려고 노력 하십시오

훌륭한 상담자는 어떤 사람일까요? 피상담자에게 가장 적은 말로 문제를 해결해 줄 수 있는 사람입니다. 피상담자가 찾아오는 것은 자신의 말을 들어줄 것이라는 기대 때문입니다. 피상담자들은 상담자가 어떤 말을 해 줄 것인가에 대하여 미리 알고 있을 수도 있습니다. 그럼에도 불구하고 그들을 찾아오는 것은 자신의 입장을 이해받기 위한 것입니다. 그렇다면 상담자는 피상담자의 입장을 충분히 이해할 수 있을 때까지 들어줄 수 있어야 합니다. 만일 피상담자가 자신이 하고 싶은 말을 제대로 하지 못하고 돌아갔다면 그 상담은 실패한 것입니다.

어떤 사역자는 자신의 생각을 피상담자에게 주입시키려 합니다. 상담에 경험이 많은 사역자라면 피상담자가 무슨 말을 하려 하는지 말하기 전에 대충 알 수 있습니다. 그래서 그의 말을 막고 피상담자 대신 말하면서 해결책까지 제시하는 경우가 있습니다. 그것은 결코 좋은 방법이라고 할 수 없습니다.

사역자들은 듣는 데 익숙하지 못합니다. 그래서 대부분의 사역자들이 피상담자가 찾아왔을 때에 미리 해결책을 제시하고 자신의 이야기를 합니다. 훌륭한 상담자, 혹은 사역자가 되기 위해서는 듣는 훈련을 해야 합니다. 듣지 못한다면 좋은 해결책을 제시할 수가 없습니다.

상담을 하다 보면 한 마디 말도 하지 않았는데 문제가 해결되는 경우도 종종 있습니다. 피상담자가 문제를 가지고 와서 자신의 문제를 이야기하다가 스스로 문제를 해결하고 돌아갑니다. 오히려 말하지 않는 것이 대답해 준 것입니다. 대부분의 피상담자들은 자신의 문제에 대한 해답을 알고 있습니다. 그것을 상담자를 통해서 확인하고 싶어 합니다. 침묵을 통해 그의 해답에 동의하고 그를 돌려보내는 것은 매우 훌륭한 상담입니다. 할 수만 있다면 말을 적게 하십시오. 그렇다면 문제는 매우 쉽게 풀릴 수 있습니다.

🕮 피상담자의 입장에서 이해하려고 하십시오

상담은 신학적으로나 교리적인 문제로 찾아오지 않습니다. 피상담자는 대부분 가정, 자녀, 물질, 사업 등 생활 문제로 찾아옵니다. 그리고 사역자와는 다른 환경에서 생활하는 자입니다. 그들에게 사역자 수준의 삶을 요구하고, 또한 그 수준에서 상담을 진행한다면 그들은 오히려 더 많은 고민을 안고 돌아갈 것입니다.

학생들이 자신의 문제를 부모나 선생에게 상의하지 않고 친구들과 이야기를 나눕니다. 그것은 대부분의 부모나 선생이 학생의 입장이 아니라 자신의 입장에서 상담함으로 그들을 꾸짖거나 나무라고 문제의 해결을 위해 찾아 온 아이를 더욱 고민하게 만들기 때문입니다. 그리스도인들에게도 예외는 아닙니다. 문제의 해결을 위해 찾아 온 사람에게 설교를 하듯이 말한다면 그는 더 큰 문제를 안고 돌아가게 될 것입니다.

효과적인 상담을 위해서는 피상담자의 입장에서 생각해야 합니다. 그리고 그의 환경을 이해하고 그가 어떠한 결정을 하는 것이 좋은지를 알아야 합니다. 무조건 성경을 내밀고 "이대로 사시오!"라고 말한다면 성숙한 그리스도인들에게는 문제가 되지 않지만 어린아이 같은 자들은 실족할 수 있습니다. 나의 주관적인 생각을 상대방에게 강요하게 되면 결국 그들은 독선적인 사람으로 비쳐지게 됩니다. 그것은 매우 위험한 상담이 될 수 있습니다. 또한 교회가 반드시 필요로 하는 지체를 잃게 될 수도 있습니다. 언제나 상대방의 입장에서 생각해야 합니다.

📖 논쟁을 피하십시오

　상담해보면 답답한 분들이 있습니다. 또한 상담자를 흥분하게 만드는 분도 있습니다. 그러나 그들의 행동을 보고 피상담자를 자극한다면 매우 위험한 상황으로 치달을 수 있습니다. 피상담자를 자극하게 되면 결국 문제의 본질을 벗어나 오히려 논쟁의 장으로 돌변하게 됩니다. 그들은 문제를 가지고 한 자리에 앉아있지만 결국 무익한 변론만 남은 채 자리를 떠날 수 있습니다. 자극을 받은 이는 자연스럽게 이성을 잃게 될 것이고, 그 불씨가 어디로 튈지 모르는 상황으로 전개될 것입니다.

　피상담자를 자극시키면 실족의 원인이 됩니다. 상담자는 이 실족의 문제에 대해서도 생각을 해야 합니다. 많은 사람들이 사귐은 어렵게 하면서도 헤어지는 일은 쉽게 처리합니다. 이것은 매우 위험합니다. 왜냐하면 서툴게 헤어진다면 서로가 원수가 될 수 있기 때문입니다. 일부 그리스도인들은 경건한 생활을 위해서 사람과의 관계를 정리하는 일을 쉽게 생각합니다. 그러나 그것이 상담에 적용되어서는 안됩니다. 왜냐하면 피상담자는 보호되어야 할 대상이지 우리가 심판해서 구별해내야 하는 자들이 아니기 때문입니다. 만일 그러한 일들을 하고 있다면 이는 예수 그리스도를 대신하고 있는 것이라고 할 수 있습니다.

　피상담자가 논쟁이 될 만한 주제를 가지고 상담하기를 원한다면 그를 자극하기보다는 오히려 논쟁의 요소들을 제거하고 자극적인 말들을 피하며, 마음을 가라앉히고 침착하게 상담을 진행하는 것이 지혜로운 방법이라고 할 수 있습니다. 이런 방법이 쉬운 일은 아닙니다. 그러나 피상담자를 자극시켜 논쟁한다면 결국에는 좋지 못한 결과를 가져올 수 있습니다.

📖 결론을 내려고 하지 마십시오

상담자와 피상담자는 앉은 자리에서 결론을 맺고 싶어합니다. 그러나 그것은 좋은 방법이 아닙니다. 왜냐하면 그 자리에서 결론을 냈다고 하더라도 결과는 다르게 나타나는 경우가 많기 때문입니다. 앉아서 말로 하는 것과 현실에서의 문제는 다릅니다. 상담자가 해줄 수 있는 것은 지혜로운 방법을 제시하는 것이지 문제를 해결해주는 것은 아닙니다.

결론을 내더라도 피상담자로 하여금 내도록 하십시오. 상담자들이 상담을 한 이후에 곤혹스러운 경우가 있습니다. 왜냐하면 상담자의 권면에 따라 생활에 적용하였는데 그 결과가 매우 나쁘게 나왔기 때문입니다. 이 일로 상담자는 원망을 듣게 될 것이며, 자신의 생각과는 관계없이 무능한 상담자, 혹은 사역자로 여겨지게 될 것입니다.

결론을 내리는 것은 지혜로운 방법이 아닙니다. 그것은 잘 해결되면 매우 유능한 사역자로 인정을 받고, 권위도 세울 수 있지만, 자칫 잘못하면 사역에 치명적인 상황을 만들 수도 있기 때문입니다. 언제나 결론은 피상담자의 몫으로 남겨두십시오. 상담자는 다만 성경적인 입장에서 지혜의 눈을 열어주고 피상담자로 하여금 스스로 결정을 할 수 있도록 함으로서 자신의 결정에 대하여 책임을 지도록 한다면 문제는 발생하지 않을 것입니다.

🕮 하나님의 도우심을 구하십시오

기도하고 시작하십시오. 그것은 모든 대화에 주님이 함께 하신다는 사실을 상기하기 위해 중요합니다. 물론 특별히 기도를 하지 않아도 주님은 여전히 함께하시지만 기도를 하고 시작한다면 상담자나 피상담자는 좀 더 은혜롭게 상담을 계속할 수 있습니다. 그들은 진실만을 말할 수 있을 것이고, 주님을 의식하며 신앙의 범위를 벗어나지 않기 위해서 노력할 것입니다. 그것은 그리스도인의 상담에 있어서 중요합니다.

기도로 마치십시오. 왜냐하면 상담의 결과도 주님께 있기 때문입니다. 아무리 훌륭한 상담이 이루어졌다 할지라도 문제의 해결을 위해서는 주님의 도우심이 필요합니다. 주님의 도우심이 없다면 문제의 해결은 어렵습니다. 아니 불가능할 수도 있습니다. 우리의 삶의 결론은 주님께 있습니다.

모든 문제를 주님께 맡기는 일은 상담에 있어서 중요합니다. 만일 주님의 도우심이 없는 상담이나 문제의 해결을 기대한다면 이는 무당이나 점쟁이에게 찾아가서 문제의 해결방법을 찾는 것과 같습니다. 진정한 그리스도인이라면 당연히 주님의 도우심 아래서 모든 일을 진행할 수 있어야 합니다.

대화 가운데 함께 하시는 주님, 그리고 그 문제를 해결하시고자 귀를 기울이고 계시는 주님, 대화가 끝난 이후에도 여전히 우리의 삶 가운데 함께하셔서 문제의 해결을 돕고 계시는 주님, 그 주님이 우리의 진정한 상담자이십니다.

7. 초신자를 대하는 자세

교회는 초신자가 있어야 합니다. 남녀가 하나 되어 한 가정을 이루면 아이가 생겨야 하듯이 정상적인 교회는 초신자들이 더해져야 합니다. 가정에 아이들이 큰 기쁨이듯이 초신자는 교회에 기쁨이 있게 합니다. 교회는 그들이 자랄 수 있는 환경을 제공해 주어야 합니다. 그가 장성해서 또 다른 자녀를 양육할 때까지 교회는 그 의무를 감당해야 합니다. 이 일을 감당할 수 없게 된다면 교회는 성장을 멈추게 될 것입니다. 성숙한 성도들이 교회에 더해지는 것만으로 교회가 성장할 수 없습니다.

초신자는 처음 예수 그리스도를 개인의 구주로 영접하고 교회의 회원이 되어 양육 받은 교회를 잊지 못합니다. 그들은 주님의 교회를 섬기는데 헌신할 것이며 어려운 환경 속에서도 굳게 지키려 할 것입니다.

교회가 건강한 모습으로 성장하기를 바란다면 초신자를 바르게 양육해야 합니다.

✝ 그들은 양육되어야 할 대상입니다

어떤 사역자들은 초신자들을 성급하게 대합니다. 그들이 빨리 성장해서 교회의 일꾼이 되기를 기대하기 때문입니다. 그러나 사람이 어머니의 뱃속에서 나와 성숙하게 되는데 시간이 걸리듯이 그리스도인역시 거듭났다 할지라도 시간이 필요합니다. 초신자라도 성경에 대한기본적인 지식이 있으면 교회의 일꾼이 될 수 있을 것이라고 생각합니다.

어린아이가 지식이 있다고 어른이 되는 것은 아닙니다. 오히려 그런아이는 가끔 어른들의 눈에 버릇이 없어 보이기도 하는 것처럼 성경에대한 지식이 있다고 교회 안에서 가르치는 일을 하려 한다면 다른 성도들에게 좋지 못한 영향을 미칠 수도 있습니다. 그 까닭에 성경은 초신자들에게 목양의 일을 맡기지 말도록 권하고 있으며, 그 이유는 그가교만으로 높아져서 마귀의 정죄에 빠질 것을 염려하기 때문이라고 권면하고 있습니다(딤전 3:6). 초신자는 비록 많은 것을 알고 있더라도 여전히 보호되어야 할 대상입니다.

어린아이들은 부모의 품에 자라야 건강하게 자랄 수 있습니다. 주변에서 무능한 부모를 둔 탓에 자녀들이 고생하는 모습을 봅니다. 그러나 그들이 무능하더라도 부모로서 자격을 잃은 것은 아닙니다. 그들은 무능한대로 최선을 다합니다. 마찬가지로 교회는 부모가 자식을 대하는 심정으로 초신자를 대할 수 있어야 합니다. 만일 초신자가 교회의 보호 아래 살고 있지 못한다면 그는 방황하게 될 것입니다. 또한 초신자를 스스로 자라도록 방치해두면 위험합니다. 어떤 초신자는 자신이 섬기는 교회를 벗어나 이곳저곳을 떠돌며 신앙생활을 합니다. 그들에게 건강한 믿음의 삶을 보장받을 수 없습니다. 왜냐하면 그들에게 참된 양식을 줄 수 있는 것은 그들이 섬기고 있는 교회이기 때문입니다. 교회는 그들이 그리스도인으로서 안정적으로 양육될 수 있도록 힘써야 합니다.

일반적인 가정을 보면 결혼할 때는 부부 중심의 생활을 하더라도 자녀가 생기게 되면 아이들 중심으로 바뀌게 됩니다. 교회도 처음 시작될 때 같은 생각을 가진 그리스도인들이 모여 교회가 시작되었다 할지라도 거듭난 자들이 교회에 더해지게 될 때 교회의 관심은 달라져야 합니다. 할 수만 있다면 교회의 운영체계를 초신자 중심에 맞춰야 합니다. 그들이 성장할 때까지 계속적인 관심과 지원을 함으로써 믿음의 일꾼이 나올 수 있도록 해야 합니다.

초신자 중심의 운영에 대하여 오해해서는 안 됩니다. 초신자가 교회를 운영하라는 말이 아닙니다. 다만 초신자가 건전한 교리 안에서 바르게 성장할 수 있는 환경을 만들어주어야 합니다. 건강한 교회로 성장하기를 원한다면 교회의 체질을 초신자들에게 맞출 필요가 있습니다. 그러면 교회는 언제나 기쁨과 평안이 넘치게 될 것이며, 성장을 계속하게 될 것입니다.

🔖 부정적인 생각을 갖지 않게 하십시오

교회 안에서 초신자에게 부정적인 생각을 말하는 사람들이 있습니다. 그리스도인들이 신앙생활을 시작하면서 어려운 일을 만날 수 있습니다. 그러나 그들이 경험하게 될 어려움들을 미리 말해준다면 이는 오히려 성장을 가로막을 수도 있습니다.

어린아이들은 아프면서 성장을 합니다. 자세히 들여다보면 아이들이 아프고 나면 키가 크고 지혜가 자라는 모습을 목격할 수 있습니다. 아픈 모습을 본 부모들은 "그래 너는 이 일로 해서 자랄 거야" 하고 말하지 않습니다. 그들은 어린아이를 부둥켜안고 이 병원 저 병원을 돌아다니며, 때로는 눈물을 보이기도 합니다. 그들은 아이가 빨리 치유되기를 위해 힘씁니다.

그렇다면 성도들이 초신자를 대하는 모습은 어떻습니까? 어려움들을 당하고 있는 초신자에게 마치 남의 일들을 대하듯 "잘 될 거야" 하고 관망하는 모습을 봅니다. 만일 초신자를 그런 방법으로 방치해 둔다면 그는 결코 교회의 지체로서 바르게 성장할 수 없습니다. 초신자가 어려운 환경을 통해 믿음이 성장하게 될 것은 분명하지만 그들의 아픔과 함께 하며 속히 치유될 수 있도록 힘쓰십시오. 그렇게 함으로써 그들을 더욱 훌륭한 믿음의 사람으로 성장시킬 수 있습니다.

그리스도만을 바라볼 수 있도록 하십시오

아이들이 자라는 과정에서 분별없이 성장하는 것을 봅니다. 부모보다 친구를 더 의지하고, 선생님이나 연예인, 혹은 운동선수들을 좋아합니다. 심지어 가정을 뒤로하고 가출을 하여 그릇된 길로 향하는 아이들의 모습을 보면서 어떻게 저렇게까지 될 수 있을까? 하고 생각하기도 합니다. 이런 현상은 실제로 교회 안에서 일어나고 있는 현상입니다. 왜냐하면 대부분의 초신자들이 예수 그리스도보다는 목사나 교사, 혹은 성도들을 의지하고 살아가고 있기 때문입니다. 그것은 교회 안에서 자연스러운 것처럼 보이는 것이지만 앞으로의 신앙생활을 위해서는 매우 위험한 모습입니다.

누가 아이의 장래를 책임질 수 있습니까? 그의 부모입니다. 모두가 그런 것은 아니겠지만 자녀를 위해 대신 죽어줄 수 있는 것은 부모밖에 없습니다. 이는 믿음의 삶을 살아가는 자들에게도 똑같이 적용될 수 있는 원리입니다. 세상을 살아가다 보면 많은 사람들이 나를 대신해서 죽어줄 수도 있을 것같이 말합니다. 마찬가지로 우리의 인생을 끝까지 책임져줄 수 있는 분은 오직 예수 그리스도 한 분밖에 없습니다.

초신자가 신앙생활에 실패하는 이유는 사람을 바라보는 데 있습니다. 특정한 목사나 성도들을 모델로 삼고 그들의 행위를 신앙의 모델로 삼는 것은 매우 유익하기도 하지만 문제는 의지하려 한다는 것입니다. 이것은 이단들이 가장 즐기는 방법입니다. 대부분의 이단은 사람이 중심이 되어 모입니다. 그러나 건강한 교회는 하나님의 말씀을 중심으로 모입니다. 진정한 주님의 교회라고 한다면 하나님의 말씀을 바로 알고 그리스도만을 바라보도록 해야 합니다. 교회는 초신자들에게 오직 하나님의 말씀 안에서 자랄 수 있도록 도와야 합니다.

✝ 지속적인 성장을 도와주십시오

한 자매가 상담을 위해 찾아와서 자신이 구원을 받았음에도 불구하고 여전히 죄를 짓고 있다고 말합니다. 그녀는 분명히 예수 그리스도를 믿고 구원 받았지만 여전히 죄 가운데서 고통스러워하고 있었습니다. 무엇이 그녀를 힘들게 만들고 있는 것일까요? 교회는 그녀가 구원을 받는데는 온 힘을 기울였지만 구원을 받은 이후에는 스스로 자라도록 방치해 두었습니다. 결국 그녀는 지쳐서 구원의 감격조차 잃어버리고 깊은 침체를 겪고 있습니다.

어떤 이는 그리스도를 믿고 거듭나면 주님께서 친히 자라게 하실 것이라고 말합니다. 만일 어린아이가 어머니의 뱃속에서 나왔으니 이제는 한 인격체로 알아서 살아가도록 만든다면 그 아이는 죽든지 아니면 이 사람 저 사람에 의해 키워지게 될 것입니다. 초신자(初信者)의 상황도 이와 같다고 할 수 있습니다. 그가 사역자의 관심 밖으로 벗어나게 된다면 실족하거나 정상적인 그리스도인으로 성장하지 못하게 될 것입니다. 교회는 부모와 같은 심정으로 끝까지 초신자를 지키고 돌봐야 합니다.

만일 구원을 얻는 것에 머무른다면 그는 오랫동안 침체를 겪게 될 것입니다. 어린아이가 태어나면 젖을 아이의 입에 물리고 키웁니다. 그리고 점차로 단단한 식물을 먹게 하며, 심지어 그 아이가 성인이 되어 결혼을 할 때까지 지속적으로 관심을 가지고 돌보는 일을 멈추지 않습니다. 이것이 교회가 초신자에 대하여 가져야 하는 자세입니다.

어느 정도 신앙이 자란 성도는 더 이상 관심을 두지 않아도 된다고 생각을 합니다. 한 사람의 인격이 성숙하게 되는 시기가 소년기와 청소년기, 혹은 사춘기라고 할 수 있습니다. 만일 이 중요한 시기를 잘못 방치해 두면 오히려 큰 문제를 일으킬 수 있습니다. 각종 사고와 반항으로 부모의 마음을 아프게 합니다. 이와 같이 교회는 초신자가 성장하는 과정에서 예민한 시기를 잘 극복하지 못한다면 큰 문제가 될 수도 있습니다. 교회는 언제나 그들에게 시선을 떼지 말고 언제나 지켜볼 수 있어야 합니다.

교회가 초신자 돌보는 일을 게을리 한다면 그들이 교회에 문제를 일으킬 수도 있습니다. 그것은 결코 초신자의 책임일 수 없습니다. 교회 안의 성도로 인해 일어난 문제의 책임은 사역자에게 있습니다. 그들은 거듭난 성도라 할지라도 지속적으로 돌봐야 하는 책임이 있습니다. 그들이 교회에 문제를 일으키지 않도록 항상 지켜볼 수 있어야 합니다.

베드로가 예수님으로부터 "네가 나를 사랑하느냐?"는 질문을 세 차례에 걸쳐 받고, "내가 주를 사랑하는 줄 주께서 아시나이다"라고 대답합니다. 그 후에 예수님은 베드로에게 "내 어린양을 먹이라", "내 양을 치라", "내 양들을 먹이라"고 말씀하십니다. 그렇습니다. 성도들이 교회에 있는 동안 그들은 양의 상태로 있습니다. 양은 양식을 먹기 위해서 목자의 인도가 절대적으로 필요합니다. 마찬가지로 성도들은 사역자로부터 양식인 하나님의 말씀을 공급받고 돌봄을 받아야 합니다. 특히 초신자는 각별한 돌봄이 필요합니다. 초신자를 방치해두는 어리석음을 범하지 마십시오.

📖 비판적 시각을 갖지 않도록 하십시오

초신자가 교회나 성도들에 대해서 비판적이 되지 않도록 하십시오. 그것은 주로 이단들이 쓰는 방법입니다. 그들은 자신들의 거짓을 감추기 위해서 기존 교회들이나 바른 진리들에 대하여 비판적인 내용을 가지고 초신자에게 부정적인 생각을 심어줍니다. 그것은 대부분 성공적이어서 이단에 속한 사람들이 거짓임을 알면서도 빠져나오지 못합니다. 가르치는 자들은 신중해야 합니다. 왜냐하면 초신자에게 비판적인 눈을 갖도록 하는 것은 그가 바른 믿음 위에 성장하는 것을 방해하는 걸림돌이 되기 때문입니다.

완전한 성도들만 모인 곳이 있을까요? 사람은 육신을 입고 있는 동안에 많은 실수와 시행착오를 겪습니다. 만일 초신자가 비판적인 눈을 가지고 있다면 그들은 성도들의 작은 실수를 결코 용납하려 하지 않을 것입니다. 그들은 그 일로 인하여 실족할 수도 있고, 때로는 정죄할 수도 있습니다. 그리고 교회에 많은 문제를 낳을 수도 있습니다. 초신자에게 비판적인 시각을 심어주는 것은 결국 교회에 큰 짐이 될 것이 분명합니다.

초신자가 성도들의 경건하지 못한 생활이나 게으름에 대하여 실망할 수 있습니다. 그러나 그 일로 비판하지 못하도록 권면해야 합니다. 만일 사역자 자신도 그들이 실망스럽다고 그들에 대해 좋지 못한 말들을 하게 된다면 결국에는 성도들에게 대하여 좋지 못한 인상을 갖게 될 것이고, 그는 교회 안에서 그들과 한 몸을 이루는데 실패할 수밖에 없습니다. 만일 그러한 상황이 벌어지게 된다면 생각을 바꾸도록 도와주어야 합니다. 상대방이 비록 허물이 많고 연약한 모습을 보인다 할지라도 사랑하는 모습을 보임으로써 초신자로 하여금 진정으로 사랑하는 방법을 가르쳐 주어야 합니다.

🔖 죄와의 싸움을 계속할 수 있도록 격려하십시오

초신자가 어려워하는 것은 계속되는 죄와의 싸움입니다. 초신자는 자신이 그리스도를 믿게 되면 경건한 생활을 할 수 있을 것이라고 기대합니다. 그러나 실제로는 죄와의 싸움을 이겨내지 못하고 다시 죄의 자리로 돌아가는 모습을 봅니다. 그들은 대부분 자신이 구원받은 사실에 대하여 안도하고 더 이상 죄와 상관없이 살 수 있을 것이라고 생각하지만 이 세상을 사는 동안 죄와의 싸움을 지속될 것입니다.

어떤 이는 구원을 받았는지 확인하기 위해 힘씁니다. 그들은 자신들이 여전히 죄 가운데 머물러 있다는 사실에 대하여 매우 불안해하면서 다양한 교리적 문제를 제기합니다. 그리고 자신들의 구원이 안전하다는 사실에 대하여 증명하려고 애를 씁니다.

흥미로운 사실은 사역자들조차도 그들의 구원이 안전하다는 사실을 증명하기 위해서 모든 신학적인 지식들을 동원하여 가르치고 있다는 것입니다. 왜냐하면 그들도 여전히 죄 가운데 머물러 있기 때문입니다. 그러나 이것이 지나치면 오히려 남을 정죄하고 때로는 실족하게 되는 상황이 올 수 있습니다.

구원받은 자들이라면 죄와 상관없는 삶을 살아가야 합니다. 사역자들은 그들이 죄로부터 벗어나도록 도와야 합니다. 복음을 듣고 구원에 이르며 성도들이 죄와 상관없이 바르게 성장할 수 있도록 돕는 것은 사역자들의 몫이라고 할 수 있습니다. 주님은 그 일을 위해 사역자들을 세우셨습니다. 만일 사역자가 성도들의 경건하지 못한 삶을 보면서 수수방관하고 있다면 그것은 자신의 직무를 유기하는 행위라고 할 수 있습니다. 초신자가 죄에 빠지지 않고 싸울 수 있도록 격려하고 가르치십시오. 그것은 사역자에게 부여된 특별한 임무라고 할 수 있습니다.

📖 교회의 일꾼으로 양육하십시오

일반적으로 교회가 초신자에게 일을 시키는 것에 대해 인색합니다. 왜냐하면 그들이 일을 하다 실족하거나 교회의 일을 그르치게 될 것이 염려되기 때문입니다. 그렇지만 교회의 일을 하지 않은 채 오랫동안 구경꾼으로만 두게 된다면 나중에 일을 하기가 더욱 힘이 듭니다. 그는 교회의 구경꾼 신자가 될 가능성이 높습니다.

초신자에게 일을 맡기는 것을 두려워할 필요가 없습니다. 그들은 오히려 일을 하고 싶어 합니다. 그에게는 예수님을 영접하는 순간 교회에서 봉사할 수 있는 각각의 은사가 주어졌습니다. 사역자는 이를 재빨리 파악하고 그들로 하여금 은사에 맞는 일들을 할 수 있도록 만들어 주어야 합니다. 그것은 건강한 교회를 위해 사역자가 할 수 있는 특별한 권한이라고 할 수 있습니다.

그렇지만 너무 비중 있는 일을 맡겨서는 안 됩니다. 제아무리 유능해 보인다 할지라도 비중 있는 일을 맡기게 되면 낭패를 당할 수 있습니다. 가령 교회 전체에 영향을 줄 수 있는 재정이나, 운영과 관련하여 일을 맡기다 보면 그들의 자그마한 실수 하나가 교회에는 치명적인 상황을 만들 수도 있습니다. 그들은 여전히 마귀의 유혹에 빠질 수 있는 대상임을 기억해야 합니다(딤전 3:6). 그 까닭에 교회에 영향을 줄 수 있는 일이 초신자에게 주어지게 된다면 교회가 큰 어려움을 만날 수 있다는 사실을 기억할 필요가 있습니다.

초신자에게는 문제가 되더라도 비중 있는 일을 맡기지 않는 것이 좋습니다. 가령 예배 안내, 앰프 시설관리, 어린아이 돌보기, 청소 등의 일을 맡길 수 있습니다. 그런 일들을 함으로써 초신자는 즐거움과 더불어 교회를 사랑하는 마음을 가질 수 있습니다. 그것은 지체로서 하나의 몸이 되어가는 중요한 과정입니다. 그들이 성숙해서 가르칠 수 있는 자들이 될 때까지 지속해서 일을 할 수 있도록 배려하십시오. 그것은 성도와 교회를 위해 유익합니다.

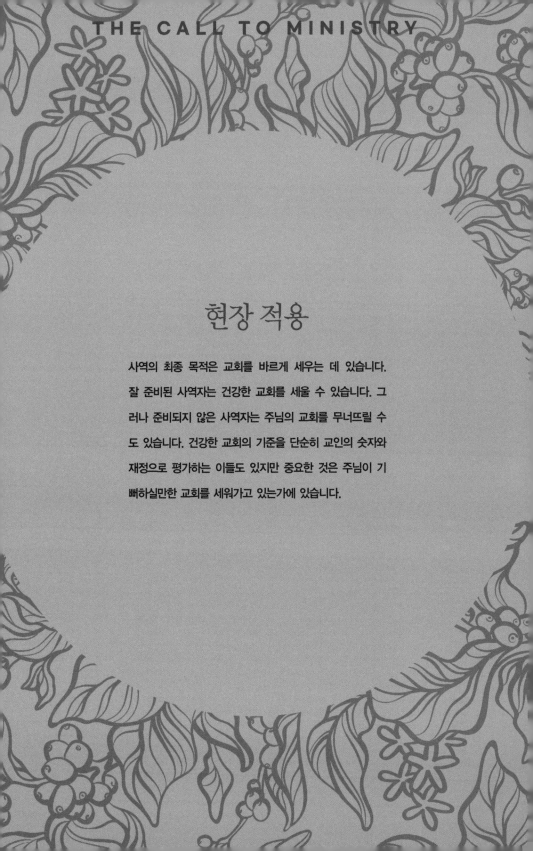

현장 적용

사역의 최종 목적은 교회를 바르게 세우는 데 있습니다.
잘 준비된 사역자는 건강한 교회를 세울 수 있습니다. 그
러나 준비되지 않은 사역자는 주님의 교회를 무너뜨릴 수
도 있습니다. 건강한 교회의 기준을 단순히 교인의 숫자와
재정으로 평가하는 이들도 있지만 중요한 것은 주님이 기
뻐하실만한 교회를 세워가고 있는가에 있습니다.

8. 교회를 세우기 위한 준비

교회는 그의 몸이니 만물 안에서 만물을 충만하게 하시는 이의 충만함이니라 (엡 1:23)

오늘날 수많은 교회의 종탑을 보면서 이 모든 교회들이 교회의 역할을 다하고 있는지에 대하여 생각해 보게 됩니다. 특히 주님의 교회를 시작하려는 사람들에게 있어서는 이토록 교회가 많은데 과연 교회를 시작해도 되는 것인가? 하는 회의마저 들 때가 있습니다. 그러나 이는 사람들이 남녀가 만나 모두 결혼을 하는데 나도 결혼할 필요가 있는가? 하는 것과 같은 생각입니다. 왜냐하면 주님은 다양한 사람들을 통해 다양한 형태의 교회를 세우심으로써 그분의 일을 하시기를 원하시기 때문입니다.

신약교회 안에서 대규모로 모여 예배한 흔적들을 찾아보기 힘듭니다. 가령 베드로가 성전에 있는 사람들을 향해 복음을 전하고 3,000명

혹은 5,000명이 회개하고 주님을 영접하여 세례를 받는 일들이 일어났지만 그들이 계속해서 그 장소에서 말씀을 들었다는 흔적은 없습니다. 오히려 성도들은 흩어져서 가정교회의 형태를 이루었고, 그 교회들은 다양하게 발전해 갔습니다.

오늘날과 같은 교회의 모습은 카톨릭의 유전으로 교회가 성전, 즉 하나님이 머물러 계시는 곳이라는 생각을 가지고 있었기 때문에 화려하고 웅장한 모습의 예배당을 지어 많은 이들이 말씀을 들을 수 있도록 했습니다. 이런 전통이 루터 이후 개신교에서도 그대로 답습하여 오늘날에도 대부분의 교회들이 예배당을 "성전"이라고 호칭하고 있습니다. 초대교회로부터 이어지는 순수한 교회들은 그들만의 예배당을 가졌던 흔적이 없었습니다. 그들은 가정, 지하 무덤(카타콤), 혹은 핍박을 피해 산 속에서 말씀을 나누며 그들의 교회를 이어갔습니다.

교회는 외형적으로 드러난 것으로 평가되지 않습니다. 그것은 우리의 필요를 따라 주어지는 것입니다. 성도의 수가 많아지면 가정에서 모이기가 힘들기 때문에 빌딩을 얻어 모이게 되고, 더 많아지면 땅을 사서 넉넉한 공간을 가짐으로써 모임을 더욱 효과적으로 운영할 수 있습니다. 할 수만 있다면 적당한 수준의 교회 건물을 세우는 것이 지혜로운 방법이라고 할 수 있습니다. 그러나 무엇보다도 보이는 건물보다는 교회의 본질에 대해서 생각해야 합니다.

하나의 교회를 세우는 데 있어서 갖추어야 할 몇 가지 조건들을 생각해 보고 그 과정에서 준비되어야 할 것들을 살펴봅시다.

✝ 교회는 주님의 선택에 따라 세워집니다

이미 앞서서 소명이 주님으로부터 온다는 사실에 대하여 살펴본 바가 있습니다. 이는 교회가 세워지는 것과 밀접한 관계가 있습니다. 왜냐하면 교회의 필요에 의해 사역자가 세워지기 때문입니다. 주변에서 복음에 대하여 갈망하면서도 마땅히 예배할 처소를 찾지 못하여 방황하는 사람들을 만날 수 있습니다. 교회가 시작될 때 그들을 두고 교회를 시작하려 하지만 실제로 주님의 교회가 세워지는 경우는 많지 않습니다. 왜냐하면 교회는 우리의 결심이나 환경만으로 세워지는 것이 아니라 주님의 결정에 따라 세워지기 때문입니다.

"그러므로 교회가 그리스도에게 하듯 아내들도 범사에 자기 남편에게 복종할지니라 남편들아 아내 사랑하기를 그리스도께서 교회를 사랑하시고 그 교회를 위해 자신을 주심 같이 하라" (에베소서 5:24,25)

성경에서는 예수님과 교회의 관계를 남편과 아내로 비유하여 말하고 있습니다. 남편이 아내를 선택할 때 조건 없이 여자이면 된다고 말하지 않습니다. 교회의 시작은 예수님이 아내를 선택하는 것과 같습니다. 주님은 교회를 세우시기 위해서 자신을 내주셨습니다. 그리고 남편으로서 교회와 함께 하십니다. 교회는 그분의 선택에 의해서 시작된다는 사실을 기억해야만 합니다.

🔖 교회는 그리스도의 몸입니다

사람들은 교회를 단순히 집단 공동체쯤으로 생각하며, 성경을 공부하고 찬송을 하고 기도를 하며 교제하는 곳이라고 여깁니다. 외형적으로 볼 때에 교회는 그런 일을 하고 있습니다. 그러나 교회는 그 이상의 의미를 가지고 있습니다. 성경은 교회가 곧 그리스도의 몸이라고 말하고 있습니다(고전 12:12-21). 이 말은 교회를 이해하는데 있어서 중요한 말씀입니다.

"그는 몸인 교회의 머리시라 그가 근본이시요 죽은 자들 가운데서 먼저 나신
이시니 이는 친히 만물의 으뜸이 되려 하심이요" (골로새서 1:18)

성경은 예수님을 교회의 머리로 소개하고 있습니다. 사람은 몸의 일부가 없어도 살 수 있습니다. 팔, 다리, 때로는 전신마비이거나 혹은 식물인간의 상태에서도 사람의 생명이 유지될 수 있습니다. 그러나 머리

가 없다면 그는 이미 죽은 자입니다. 아무리 건강한 사람이라도 머리가 죽으면 몸도 죽은 것입니다.

예수님이 없는 교회를 상상할 수 있습니까? 그곳을 더 이상 교회라고 말할 수 없습니다. 왜냐하면 그것은 머리가 없는 사람과 같기 때문입니다. 많은 교회들이 모인 사람의 수를 자랑하고, 헌금 액수를 뽐내며, 교회의 규모들을 드러내려 하지만 그런 외형적인 것만으로 정상적인 교회로 평가될 수 없습니다. 뿐만 아니라 그것들은 자랑할 만한 것들이 되지 않습니다. 왜냐하면 머리가 몸의 모든 요소들을 움직이도록 하지 못한다면 아무런 의미가 없기 때문입니다.

주님 앞에서 교회의 규모는 그다지 중요하지 않습니다. 주님은 외형적인 모습과 관계없이 그분의 교회를 동일한 기준에서 보고 계십니다. 두 사람이 모여 예배를 하든지, 아니면 수십만 명이 모이든지 우리의 눈으로는 성공적인 교회를 평가할 수 있겠지만 주님은 단순히 눈에 보이는 것을 중요하게 생각하지 않습니다.

"그에게서 온 몸이 각 마디를 통해 도움을 받음으로 연결되고 결합되어 각 지체의 분량대로 역사하여 그 몸을 자라게 하며 사랑 안에서 스스로 세우느 니라"(에베소서 4:16)

"우리는 그 몸의 지체임이라" (에베소서 5:30)

성경은 교회에 대해 사람의 몸으로 비교하고 있습니다. 몸은 독립적이면서도 한 인격을 가지고 있습니다. 같은 생각을 가지고 있다고 한 몸이라고 말하지 않습니다. 이는 곧 같은 교리, 같은 성경, 같은 믿음을 가지고 있더라도 같은 교회라고 말할 수 없다는 것입니다. 그것은 생각이 같은 사람들끼리 교제를 하고 좋은 관계를 유지하고 있을지라도 그들을 같은 몸으로 여기지 않는 것과 같은 이치입니다.

주님의 몸은 각자의 역할이 다릅니다. 만일 몸이 모두 동일한 기능만을 가지고 일한다면 제대로 활동할 수 없습니다. 손과 발, 그리고 눈과 입, 이 모든 것들이 모두 같다면 그는 얼마 견디지 못하고 좌절하고 넘어지게 될 것입니다.

성도들은 주어진 은사에 따라 적절하게 활동해야 합니다. 대부분의 교회들은 사역자의 의지에 따라 획일적으로 운영되는 경우가 있습니다. 그것은 자칫 교회를 기형적으로 만드는 원인이 될 수 있습니다. 교회의 특성은 다양성에 있습니다. 몸의 지체가 각기 다른 기능들을 수행하듯이 교회는 성도들 개개인이 각기 다른 모습으로 교회를 섬길 수 있어야 합니다. 교회가 이런 다양함을 놓친다면 결국 정상적인 교회로 성장할 수 없습니다.

✝ 기도로 준비해야 합니다

교회를 세우는 데는 준비과정이 있습니다. 그중에 기도는 매우 중요합니다. 주님의 교회를 세워가는 데 있어서 충분한 기도의 시간을 갖게 된다면 생각보다 놀라운 결과를 얻게 될 것입니다. 그것은 능력 있는 교회가 되기 위해서 가장 필요한 일입니다. 대표적으로 예루살렘 교회를 들 수 있습니다. 그들은 주님의 약속을 믿고 다락방에 모여 기도하고 있었습니다(행 1:14). 그리고 그들은 자신들이 상상하지도 못했던 놀라운 일들을 경험하게 되었습니다.

교회의 시작과 관련하여 빌립보 교회를 빼놓을 수 없습니다. 바울은 기도 처소를 찾다가 기도하는 여인들을 만나게 됩니다(행 16:13). 그곳에서 바울은 전도를 하게 되고 루디아라는 여인의 집에서 빌립보 교회는 시작되었습니다. 빌립보 교회는 바울에게 있어서 매우 중요하고도 신실한 교회로 인식이 될 만큼 아름답게 성장했던 교회였습니다. 이처럼 교회를 시작하기에 앞서서 기도로 준비하게 된다면 주님은 그분의 교회를 가장 적절하고 필요한 지역에 세우실 것입니다.

✝ 교회를 세우는 데 시간이 필요합니다

교회를 시작함에 있어서 조급한 생각을 가질 때가 있습니다. 이는 마치 어린아이가 세상에 나오자마자 어른이 되겠다는 생각과 같습니다. 아이가 잉태되고 세상에 나와 성인이 되어 가정을 이루는 데까지는 상당한 기간이 필요합니다. 교회의 과제는 얼마나 신실한 교회로 성장해 가는가에 있습니다. 빨리 성장해서 비대해지는 것이 목표가 될 수는 없습니다.

어린아이들은 앓아가면서 성장합니다. 아이들은 아픔을 겪으면서 조금씩 자랍니다. 아이가 앓아가면서 자라듯이 교회는 많은 아픔과 어려움 속에서 자라갑니다. 신실하게 성장하는 교회가운데 힘겨운 과정을 거치지 않은 교회는 없습니다. 오히려 그들은 많은 핍박과 환난, 그리고 스스로의 아픔들을 이겨내면서, 정금같이 단련되면서 성장합니다. 이것은 개인뿐만이 아니라 교회에도 마찬가지입니다.

✝ 교회의 시작을 위한 좋은 지역

바른 복음만 전할 수 있다면 지역은 아무데나 괜찮다고 말하는 이들을 봅니다. 그러나 같은 복음을 전한다 할지라도 좀 더 나은 결과를 위해 전략적으로 지역을 택하는 것은 지혜로운 것입니다. 이와 관련하여 바울을 통해 같은 복음을 전하지만 그 결과에 있어서는 매우 다른 결과를 가져왔던 경우들을 볼 수 있습니다.

보통 사도로서의 바울은 언제나 효과적인 사역을 했을 것이라고 생각을 합니다. 그러나 바울은 누구보다도 실패를 많이 했던 전도자입니다. 특히 아테네(아덴)에서의 전도는 그를 매우 힘들게 했습니다(행 17:32,33). 그는 당시 최고의 문화를 자랑하던 아테네에서 많은 사람들과 변론을 하며 그들에게 예수 그리스도를 전했고, 또한 많은 이들이 믿기도 했지만 결과적으로는 실패했습니다. 그 이유는 대부분의 사람들이 예수님을 다른 많은 신들 가운데 한 분으로 이해하고 있었기 때문입니다. 그는 그곳에 많은 공을 들였지만 육신적으로 지친 상태에서 고린도로 내려갔습니다.

바울은 지친 상태에서 고린도로 내려갔습니다. 고린도는 아테네와는 달리 매우 부패되고 음란한 도시였습니다. 어찌 보면 변론을 즐겨하고 논리적인 설교를 했던 바울과는 어울리지 않는 곳이었습니다. 그러나 놀랍게도 바울은 그곳에서 놀라운 결실을 얻을 수 있었습니다.

바울의 이 같은 전도 방법을 말하는 이유는 '좋은 장소' 라고 하는 것은 좋은 문화 배경이나 위치를 말하는 것이 아니라는 점을 말하기 위한 것입니다. 좋은 지역의 조건은 자신들의 죄 문제를 인식하고 있는 자들이 많이 잠재되어 있는 곳이라고 할 수 있습니다. 고린도에서의 사역이 성공할 수 있었던 것은 이런 사람들이 많았기 때문입니다.

많은 사역자들이 교회를 개척하는 장소로 신도시를 찾아다닙니다. 그들은 분명히 많은 사람들을 모을 수도 있습니다. 그러나 그들의 교회 안으로 들어오는 이들은 초신자가 아니라 기존의 성도들인 경우가 많습니다. 그 지역에서 교회가 성장해가는 것이 매우 훌륭한 선택인 것처럼 보일 수 있습니다. 그렇지만 건강한 교회로 성장하기 위해서는 새로운 사람들이 더해져야 합니다. 여기서 말하고자 하는 좋은 지역은 많은 사람을 모을 수 있는 곳이 아니라 많은 영혼들을 주님 앞으로 인도할 수 있는 지역을 말합니다. 그런 마음으로 시작한다면 또한 많은 사람들이 교회에 더해지게 될 것입니다.

지역의 특성을 파악할 필요가 있습니다

지역 교회로서 사명을 감당하려면 그 지역의 특성을 잘 파악해 둘 필요가 있습니다. 그것은 교회가 해야 할 일과 매우 밀접한 관계를 가지고 있습니다. 또한 효과적으로 접근함으로써 복음전도의 효과를 높일 수 있습니다. 복음적인 교회들이 세상 종교보다 성장을 하지 못하는 요인은 이런 노력이 결여되어 있기 때문입니다. 이것은 복음의 능력 차원이 아니라 지혜로운 복음 전도에 대하여 말하는 것입니다.

이 일은 교회가 가진 특성과 지역이 조화를 이루고 있는지 파악하는 것이 중요합니다. 남이 한다고 나도 하겠다는 생각은 버려야 합니다. 다시 말하면 다른 교회가 특정한 방법으로 성공했다고 자신의 교회에 그대로 적용하는 것은 옳지 않습니다. 주님은 교회마다 독특한 일을 할 수 있도록 소명과 그에 따른 은사를 주셨습니다. 교회는 자신들이 지니고 있는 것을 효과적으로 활용하여 지역에 맞는 방법을 통해 복음을 전할 수 있도록 지혜를 모아야 합니다.

🕮 이웃교회와 협력해야 합니다

대부분의 교회들은 이웃교회와 협력하는 것을 매우 부담스러워 합니다. 오히려 이웃교회를 견제하고, 때로는 판단하며 성도들이 접근하는 것을 막습니다. 이러한 모습은 그리스도 안에서 모든 성도들이 한 형제라는 말이 전혀 어울리지 않습니다. 교회를 세워감에 있어서 교회 간의 협력은 매우 필요합니다. 그것은 교회를 더욱 견고하게 만들어 줄 수 있습니다.

교회를 시작함에 있어서 부흥하는 교회를 모델로 삼는 것도 중요합니다. 물론 주님은 모든 교회를 동일하게 세우시지 않습니다. 이는 부모가 자식을 낳아도 자녀가 똑같이 자라지 않는 것과 마찬가지입니다. 부흥하는 교회를 지켜보면서 적절하게 적용할 수 있다면 부족한 것들을 보충해 줄 수 있습니다. 그것은 건강한 교회로 성장해가는데 중요합니다. 부흥하는 교회는 그들이 주님의 목적에 맞게 행하고 있기 때문입니다. 교회 간에 협력관계를 통해서 이 모든 것들을 공유함으로써 하나님이 기뻐하시는 교회를 세워갈 수 있습니다.

✝ 동역자에게 사역을 분담하십시오

교회를 처음 시작하는 것이라면 동역자를 구하는 것이 중요합니다. 소명을 받았다고 당장 시작하겠다는 생각은 버리는 것이 좋습니다. 만일 교회의 시작에 대한 필요성을 느끼고 있다면 그때부터 동역자를 위해서 기도하십시오. 그리고 그와 어떠한 교회를 시작하게 될지를 의논하십시오. 그렇다면 반드시 훌륭한 모델이 될만한 교회로 성장할 수 있습니다.

사역은 결코 혼자 감당할 수 없습니다. 사역을 하는 동안 동역자가 필요합니다. 좋은 동역자와의 만남은 교회를 성장시켜줄 것입니다. 그러나 상대적으로 옳지 못한 만남은 오히려 사역에 분열만을 가져다줍니다. 사역을 시작하기에 앞서 좋은 동역자를 만나기 위해 기도해야 합니다. 서로 기도를 나눌 수 있는 동역자, 함께 전도를 나가서 많은 사람들을 주님 앞으로 인도해 줄 수 있는 동역자, 그리고 서로를 위해 부족한 것들을 충분히 나눌 수 있는 동역자가 우리들 가운데 있다면 결코 주님이 일을 하는데 있어서 외롭지 않습니다.

동역의 관계로 모범이 되었던 바나바와 사울은 안디옥 교회를 훌륭하게 성장시켰을 뿐만 아니라 이후에는 선교의 전초 기지로 이방인 전도의 모교회로서 역할을 감당하고, 많은 교회를 도울 수 있었습니다. 아름다운 만남은 더욱 아름다운 교회로 성장시켜 줄 것입니다. 바나바와 사울의 만남이 훌륭한 교회로 성장시켜갈 수 있었듯이 좋은 동역자의 만남은 훌륭한 교회를 세우고 사역을 더욱 풍성하게 만들어 줍니다.

📖 교회는 주님의 소유입니다

지금까지 교회를 세우기 위해서 무엇을 준비해야 할지를 살폈습니다. 주님의 교회는 결코 이론으로 말할 수 없습니다. 또한 정해진 규칙이 있는 것도 아닙니다. 오히려 교회를 틀에 맞추어 운영하려 한다면 혼란만 가중될 수 있습니다. 교회는 주님의 소유입니다. 그리고 사역자는 그 일을 맡은 청지기라는 사실도 잊지 마십시오. 주님은 그분의 교회를 아름답게 세워 가실 것입니다.

9. 무엇이 교회 성장을 방해하는가?

누구나 교회 성장에 관심이 있습니다. 그러나 대부분의 교회는 오랜 정체 상태를 유지하고 있으며, 또한 그 해결책을 찾지 못합니다. 교회가 성장하는 것은 당연합니다. 왜냐하면 생명이 있는 몸은 반드시 자라게 되어있기 때문입니다. 다만 교회가 성장을 하고 있지 못하는 것은 너무도 많은 성장의 장애요인이 교회 안에 도사리고 있기 때문입니다. 사역자는 그 일에 대하여 신속하게 대처해야 합니다. 만일 장애요인이 지속적으로 머무르게 되면 교회는 병이 들 것이고, 결국에는 치명적인 결과를 가져올 수도 있습니다.

교회는 주님의 몸입니다. 우리의 몸이 병이 들 수 있는 것과 같이 교회도 경계를 조금만 늦추면 병이 듭니다. 대부분 병의 근원은 부주의에서 옵니다. 그래서 건강한 몸을 갖기 위해서는 적당한 운동과 음식물 섭취, 또한 건강한 생각을 가지도록 의사들은 권면합니다. 건강한 생활은 몸에 해로운 것들을 멀리하고 몸에 유익한 것들을 적절하게 취하는

데 있습니다. 마찬가지로 교회가 건강하게 성장하기 위해서 교회 안에서 해로운 요소들을 제거하고 유익한 것을 적절히 취해야 합니다. 교회 성장을 방해하는 요인이 무엇일까요?

📖 양육을 멈췄기 때문입니다

서울에 소재하고 있는 한 교회는 수년 동안 성장을 지속해 왔습니다. 그 교회는 매우 소망이 넘치는 교회였고, 또한 바른 복음, 바른 진리 안에서 많은 사람들의 모범이 될만한 교회였습니다. 그런데 그 교회를 방문하면서 성도들은 현재의 상태에 만족하면서 더 이상 성장을 원하지 않고 있다는 것을 알게 되었습니다. 결국 얼마 지나지 않아 그 교회는 거의 해산이 되었고, 거의 회복할 수 없는 상태에 놓이게 되었습니다.

운동선수에게 가장 위험한 때가 언제일까요? 그것은 바로 긴장을 늦추는 때입니다. 그것은 여유 있게 이길 수 있는 경기를 한 순간에 역전을 당하게 만드는 주범입니다. 교회 성장에 있어서도 이 정도면 되었다는 생각은 바로 사탄이 교회에 침투해 들어오기 가장 적절한 시기입니다. 그것은 어렵게 이루어 놓은 것을 한 순간에 무너뜨리는 가장 위험한 순간이기도 합니다.

진리가 있는 곳이라면 교회의 성장은 결코 멈출 수 없습니다. 몸이 장성한 사람의 몸을 가질 때까지 성장을 지속해야 하는 것과 같습니다. 그것이 예배당에 많은 숫자로 가득 채우는 상태를 의미하는 것은 아닙니다. 만일 예배당 안에 신앙이 어린 젖먹이들로 가득 채워져 있다면 그곳은 성장한 교회라고 말할 수 없습니다. 교회는 속히 그들을 성숙한 그리스도인으로 양육해야 하고, 온 성도는 이 일들을 위해 힘써야 합니다. 교회의 성장을 바라는 그리스도인이라면 긴장을 늦춰서는 안 됩니다. 교회의 약한 부분을 찾아서 더 강하게 될 수 있도록 힘을 기울이는 자세가 필요합니다.

사역자의 교만 때문입니다

교만은 교회 성장에 가장 큰 걸림돌입니다. 주님 앞에 신실함이 없다면 더 이상 교회를 성장시킬 수가 없습니다. 물론 진리가 없이도 외형적인 교회는 성장할 수도 있습니다. 그러나 그 교회는 얼마 가지 않아서 거짓이 드러나게 될 것이고, 그들은 더 이상 주님의 교회라고 불리지 않게 될 것입니다. 그러나 안타까운 것은 분명히 주님의 교회로 시작하였는데 교회가 성장을 멈추고 급기야는 교회의 문을 닫아버리는 결과를 낳는 일들이 일어나고 있다는 것입니다. 왜 이런 일들이 벌어지게 되는 것입니까?

성장과 더불어 사탄은 더욱 강력하게 교회를 무너뜨리려 할 것입니다. 사탄은 그의 공격 목표가 무엇인지 잘 알고 있습니다. 그것은 바로 사람의 마음을 움직이는 것입니다. 사탄은 사역자로 하여금 마음에 교만을 심어 놓고 스스로 권위를 가지도록 하며, 성도들 위에 군림하게 만듭니다. 그리고 기도하는 일을 멈추도록 만들 것이며, 더 이상 성도들을 돌아보는 일에 관심을 갖지 않도록 만들어 놓습니다. 이런 일들의 결과는 명백합니다.

때로 이런 행동들은 '사역자의 권위' 라는 이름으로 위장하여 교회 안에 존재해 있습니다. 사역자는 스스로 본을 보임으로써 권위를 세워야 합니다(벧전 5:3). 그렇지 않고 스스로 성경을 펼쳐 놓고 "너희를 인도하는 자들에게 순종하고 복종하라" (히 13:17)고 가르친다면 그는 분명히 순서를 잘못 알고 있는 것입니다. 언제나 사역자가 자신의 종 됨을 알고 먼저 주님 앞에 순종하는 자세, 그리고 성도들을 섬기는 자세를 유지해야 합니다. 사역자의 곁에 다가오는 교만을 경계하십시오. 그것은 주님의 교회를 위태롭게 만드는 매우 위험한 사탄의 무기입니다.

📖 초신자들이 더해져야 합니다

교회의 성도가 많아졌다가 어느 순간에는 줄어들기를 반복하는 교회, 이런 현상은 현대 교회들이 겪는 고민입니다. 왜 이런 현상들이 벌어지는 것일까요? 그것은 교회가 새로운 사람들을 교회로 인도하는 일에 게을렀기 때문입니다. 교회들은 대부분 사람들을 교회로 인도하기 위해서 외형적인 치장을 중요하게 생각합니다. 그들은 땅을 사고, 건물을 지으며, 값비싼 물건들을 진열해 놓음으로써 사람들의 환심을 삽니다. 안타까운 사실은 그런 교회의 모습에 반하여 교회를 찾는 사람이 많다는 것입니다. 그러나 외형적 건물로 교회를 평가하기에는 무리가 있습니다. 왜냐하면 대부분 기존 신자들로 교회를 채우고 있기 때문입니다.

이웃 교회의 성도들로 채워지는 것으로 만족해서는 안 됩니다. 그것은 진정한 성장으로 볼 수 없습니다. 또한 교회를 아름답게 치장하는 것으로 성도들을 교회 안에 정착시키려 하지만 그것도 그들로 하여금 얼마 지나지 않아 싫증을 느끼게 할 것입니다. 결국 그 일로 인해서 성도들에게 더 많은 헌금을 강요할 것입니다. 교회는 더욱 화려해 갈 수 있지만 진정한 성장은 결코 기대할 수 없습니다.

교회가 건강한 성장을 지속하기를 원한다면 교회 내에 새로 거듭난 성도들로 채워가야만 합니다. 그것은 전 성도들이 영혼의 구원(Soul winning)을 위해 힘썼을 때 가능합니다. 이미 다른 교회에 출석을 하고 있거나 갈등을 겪고 있는 성도들을 데려오는 방법으로 교회의 성장을 기대한다면 오히려 교회는 더 큰 위험을 감수해야 합니다. 그들은 문제를 일으킬 가능성이 있는 자들이기 때문입니다.

교회 내에서 처음부터 양육을 받은 성도들이 그 교회를 떠나기란 쉽지 않습니다. 그들은 교회 내에 문제가 생기면 해결을 위해 기도하며 끝까지 최선을 다할 수 있는 사람입니다. 교회는 이런 일꾼들을 양육해야 합니다. 교회가 운영과정에서 문제가 발생되지 않을 수는 없습니다. 그때마다 그 일을 위해 기도하는 성도가 많았을 때 교회는 희망이 있습니다. 그것은 교회 내에서 거듭나고, 양육 받은 사람들에 의해서 주로 이루어질 것이므로 교회는 이런 일꾼들을 많이 배출해 내는 것이 성장을 위해 매우 필요합니다.

🔖 사역자는 주님 앞에 겸손해야 합니다

교회는 영적, 혹은 성경적인 입장에서 볼 때 주님에 의하여 불러 모아진 자들의 모임이지만 그들은 여전히 육신을 가지고 살아가고 있는 자들입니다. 이는 곧 육신적인 관점에서 보면 사람이 모인 집단이라고 할 수 있습니다. 그 까닭에 자연히 조직과 질서를 필요로 하게 될 것이며, 그러다 보면 자연스럽게 사람을 따르는 일이 발생됩니다. 실제로 교회 역사를 보면 순수했던 교회도 특정한 한 사람을 따르는 모습들을 볼 수 있습니다. 이는 사람이 모이는 곳이라면 매우 자연스러운 것입니다.

이 시대에도 존경할 만한 믿음의 사람이 있습니다. 그리고 많은 사람들은 그로 인하여 예수 그리스도를 믿고 따르게 됩니다. 이는 곧 그의 신실한 삶이 많은 사람에게 영향을 주고 있다는 말이 됩니다. 훌륭한 믿음의 사람에 대하여 존경하는 행위를 탓할 수 없습니다. 그것은 매우 당연한 결과입니다. 상식적으로 존경받지 못하는 사역자가 올바른 교회를 세워간다는 것은 거의 불가능합니다.

교회를 감독하는 사역자는 당연히 존경을 받아야만 합니다. 어떤 이는 오직 주님만이 존귀하게 여김을 받아야 한다고 말하면서 사역자를 무시하는 어리석음을 보이기도 합니다. 그러나 주님의 교회를 위임 받은 사역자를 무시하게 된다면 그는 주님의 교회 안에서 온전한 믿음의 삶을 보장받을 수 없습니다. 오히려 시험을 받을 수도 있습니다.

그럼에도 불구하고 한 가지 중요한 사실은 사역자가 성도들로부터 존경을 받아야 하는 대상임에는 틀림이 없지만 그것을 당연한 것이라고 여기고 스스로 높아지려 한다면 그것은 교회의 성장을 방해하는 가장 큰 장애요인이 될 것입니다. 그들의 이런 자세는 결국 사람 중심의 교회를 운영하게 될 것이며, 스스로가 주님의 자리에 앉게 됨으로써 교회의 기본 질서를 깨뜨리는 결과를 가져올 것입니다.

실제로 이런 현상은 교회에서 흔히 볼 수 있는 현상입니다. 그들은 대부분 순수하게 시작이 되지만 많은 사람들이 자신을 지지하고 따르는 모습을 보면서 예수 그리스도 없이 주님의 일을 하려 할 것이며, 결국에는 스스로 모든 것을 생각하고 결정합니다. 그들은 주님의 교회를 사유 재산으로 활용하려 할 것이며, 자신의 명예를 지켜주는 도구로 생각합니다. 성도들의 의견을 무시하고, 심지어 실족하게 하는 결과를 가져오더라도 자신의 입장을 관철하려합니다. 그들은 처음 주님의 일을 시작했을 때의 마음을 잃어버린 것입니다.

교회는 오직 예수 그리스도께서 교회의 머리로 계셨을 때에 그 가치가 있습니다. 사람이 중심에 서 있게 된다면 그 교회는 성장을 멈추게 될 것이며, 설령 성장한다 할지라도 오히려 주님의 교회를 핍박하는 도구로 사용될 것이 분명합니다. 주님은 교회의 주인이시며, 또한 머리가 되시는 분이십니다. 이것은 시대를 막론하고 변하지 않는 진리입니다. 그 까닭에 교회를 이끄는 사역자는 더욱 겸손함으로 섬기는 자세를 가져야 합니다.

 ## 교회는 사랑의 공동체입니다

사랑이 없는 교회를 상상할 수 있을까요? 만일 그것이 가능하다고 생각한다면 그는 아직 성경을 바로 이해하고 있지 못하고 있다고 할 수 있습니다. 왜냐하면 성경은 모든 것이 사랑으로 가능하다고 말씀하고 있고, 또한 이 사랑을 교회를 통해 완성하고자 하기 때문입니다.

사랑이 없다면 예수님이 이 땅에 오는 일은 없었습니다.
사랑이 없다면 우리의 죄가 사해지는 일 또한 없었을 것입니다.
사랑이 없다면 성령은 보내지지 않았을 것입니다.
사랑이 없다면 주님의 교회는 존재하지 않았을 것입니다.
사랑은 결국 사람을 향한 하나님의 계획의 시작이자 끝이라고 할 수 있습니다.

사랑은 세상에서 흔히 말하는 사랑의 차원과는 분명히 다릅니다. 사람들은 서로가 마음이 통했을 때 사랑을 합니다. 그들의 사랑은 분명히 서로에게 무엇인가를 요구합니다. 그리고 그 사랑은 분명히 자신의 생애와 관계가 있습니다. 부모가 자식을 사랑하는 것, 연인이 사랑하는 것, 친구가 사랑하는 것 등 모든 부분에 걸쳐서 사람들은 분명히 서로 관계를 맺고 있습니다. 그들은 특별한 대상을 두고 사랑하고 있습니다.

그러나 그리스도인들이 사랑하는 것은 다릅니다. 그들은 서로에 대하여 아무런 이해관계가 없습니다. 때로는 원수관계일 수도 있습니다. 그 사랑의 힘은 바로 그리스도로부터 옵니다. 그것이 그리스도인들이 가진 사랑의 힘이라고 할 수 있습니다. 성도들이 이런 힘을 가지지 못한다면 그들에게서 성장은 기대할 수 없습니다. 사랑하는 마음이 없다면 전도하지 않습니다. 또한 원수를 원수로 대함으로써 결코 그리스도인다운 삶을 살지 못하게 됩니다. 이는 사람들이 교회 안으로 들어오는 것을 막는 결과를 가져오게 될 것입니다.

간혹 교회 안에서 분쟁이 일어나는 장면을 목격할 수 있습니다. 심지어 법정 소송까지 가는 모습을 보이기도 합니다. 그리고 사람들은 빈부나 지식, 그리고 명예의 정도에 따라서 사람들을 차별하기도 합니다. 그러나 그들은 그리스도 안에서 한 몸이라는 사실을 알아야만 합니다. 몸의 구조를 바로 이해하는 자라면 결코 그럴 수 없습니다. 그들의 행위는 자신을 학대하는 것과 같습니다.

몸의 약한 것은 우리의 몸에 더욱 소중합니다(고전 12:22). 이는 곧 약하고 부족한 자라 할지라도 언제나 관심과 사랑을 가지고 대할 수 있어야 한다는 것을 말합니다. 자주 넘어지는 자들에 대하여 무시하려 하지 마십시오. 교회는 그들을 끊임없이 일으켜주어야 합니다. 어린아이들을 보십시오. 그들은 수없이 넘어지고 일어서는 일을 반복하면서 자랍니다. 그러한 과정 없이 바로 걸을 수 없습니다. 사랑한다면 일으켜 세워주십시오. 교회가 이 사랑을 잃지 않았을 때 성장을 계속할 수 있습니다.

🔖 일과 휴식의 균형을 맞추십시오

현대인들은 언제나 분주하고 무엇엔가 쫓겨 다니는 듯 살아갑니다. 그들은 목표를 향해 달려가고 있지만 성공하는 자들은 극히 적으며, 목표를 이루었다 할지라도 허탈감에 무력해지는 모습을 보이기도 합니다. 이런 현상은 사역자들에게도 가장 흔히 나타나는 현상입니다. 그들은 교회 성장이라는 목표를 가지고 열심히 섬기고 있지만 성공하는 이들은 적으며, 교회 성장에 대한 목표를 이룬 사역자들조차도 지쳐서 무기력한 모습으로 사역하는 모습들을 볼 수 있습니다.

그렇다면 그들의 문제가 무엇일까요? 그들은 너무 많은 일을 하려고 합니다. 그것은 세상에서 좋은 평가를 받을 수도 있지만 교회의 입장에서 볼 때 유익한 것이라고 할 수 없습니다. 사역자에게 있어서 가장 중요한 시간은 주님과의 시간을 갖는 것입니다. 이것을 묵상, 혹은 경건의 시간(Q.T)이라고도 합니다. 주님의 말씀을 제대로 묵상하지 못하는 자를 과연 훌륭한 사역자라고 말할 수 있을까요? 그가 주님과의 시간을 충분히 갖지 못한다면 그는 치명적인 약점을 안고 있는 자입니다. 그렇다면 무엇이 이토록 중요한 시간을 빼앗아갈까요? 바로 그가 안고 있는 일들입니다. 그가 사소한 일에 매여있는 한 중요한 일을 하지 못하게 될 것입니다.

이런 일들은 건강까지 해치게 됩니다. 지금도 많은 사역자들이 건강이 좋지 않아 병원을 출입합니다. 그들은 대부분 교회 안에서 지나치게 많은 일들로 인해 병을 얻었습니다. 그들은 주님을 위해 많은 일을 하고 싶었지만 아무 일도 할 수 없게 되었습니다. 그것은 지혜롭지 못한 행동이라고 할 수 있습니다.

건강한 몸에서 건강한 생각이 나올 수 있습니다. 언제나 피로하고, 분주한 생활 속에서는 성도들을 위해 유익한 말씀을 공급할 수가 없습니다. 왜냐하면 충분한 묵상을 할 수가 없기 때문입니다. 주변에서 다른 이들의 설교를 가져다가 설교하는 모습을 보기도 하는데 대부분은 묵상할 시간을 가지지 못하기 때문입니다. 사역자이든 성도든 자신의 몸을 피곤하게 만들지 않도록 하는 훈련이 필요합니다. 충분한 수면과 적당한 분량의 일, 그리고 규칙적이고 계획적인 생활은 그리스도인으로서 능력 있는 삶을 살도록 만들어 줍니다.

대부분의 사람들은 교회의 성장을 원합니다. 그러나 그것보다 우선되는 것이 있다면 바른 진리 안에서 성장해가는 것입니다. 그것은 지치지 않고 맑은 정신으로 건강한 모습을 유지함으로써 가능합니다. 너무 많은 일로 인하여 지치지 않도록 주의하십시오. 그것은 우리를 피곤하게 하여 분별력을 잃게 만들 것이며, 결국에는 우리를 넘어뜨릴 것입니다.

✝ 교리를 지나치게 강조하지 마십시오

오늘날과 같이 많은 이단 교리들이 난무하는 세상에서 바른 교리를 가지는 것은 매우 중요합니다. 오늘날 대부분 형성하고 있는 교파 중심의 교회는 교리 위에서 시작된다고 할 수 있습니다. 그래서 교회들은 서로 다른 교리들을 가지고 있습니다. 그리고 그것을 바꾸려 하지 않습니다. 왜냐하면 대부분의 교회들은 교리 위에 교회를 세워가고 있기 때문입니다. 올바른 주님의 교회를 시작하려는 자들에게도 이것은 예외일 수 없습니다. 그들은 모두가 바른 교리 위에 교회를 시작하려는 자들입니다.

교회가 교리만을 가지고 성장할 수는 없습니다. 그들이 이 교리를 지키기 위해 아무리 많은 성경공부를 한다고 해도 교회는 오히려 더욱 심각한 정체를 보일 수 있습니다. 그들에게 지금 필요한 것은 바른 교리를 지속적으로 배워가는 것이 아니라 그 바른 교리들을 무기로 다른 사람들을 인도하는 일입니다.

우리는 복음을 전하는 과정에서 조금씩 다른 교리들을 대할 수 있습니다. 그러나 논란의 대상이 되는 것들은 대부분 심각한 교리의 변질보다는 대부분 역사적으로나 과학적으로 증명되지 않은 것들이나, 혹은 보는 견해에 따라서 조금씩 다른 입장을 보이는 것들입니다. 어떤 이들은 이런 것들에 대하여 매우 예민한 반응을 보이기도 하고 자신의 입장을 변호하기 위해 매우 집착하는 현상을 보이기도 합니다. 그러한 모습들은 교회의 성장을 방해하는 하나의 요인이 될 수 있습니다. 왜냐하면 우리가 확인할 수 없는 많은 부분들에 대하여 동의하지 않는 사람들이 교회 안에 존재하며, 그들은 우리의 추상적 교리의 집착에 대한 거부감으로 결국에는 교회를 떠날 수 있기 때문입니다.

물론 예수 그리스도를 통한 구원, 구속과 같은 명백하고도 결코 변할 수 없는 진리에 대하여 거부하고 떠나는 사람이 있다면 그것은 복음 자체를 거부하는 것이기에 어쩔 수 없는 것이라고 할 수 있겠지만 논쟁의 여지가 있는 추상적 교리들을 강조함으로써 사람들을 잃게 된다면 엄청난 손실이 아닐 수 없습니다. 할 수만 있다면 교회는 이런 논쟁들을 자제시켜야만 합니다. 만일 논쟁의 대상이 될 만한 문제가 생긴다면 충분한 시간을 두고 지혜롭게 해결해가는 것이 좋습니다.

성도들이 요구하는 사역자는 자신을 사랑하고 그리스도인으로서의 삶을 안전하게 이끌어 줄 수 있는 지도자입니다. 사역자가 많은 공부를 하여 학자로서 풍부한 지식을 가져다 줄 수는 있습니다. 그러나 성도들의 관심은 추상적 지식에 있지 않습니다. 이는 곧 사역자가 학자일 필요는 없다는 것을 말합니다. 생각이 조금씩 달라도 격려하고 안아주는 모습을 가져야만 합니다. 추상적 교리에 대한 집착은 주님의 교회를 더 이상 성장하지 못하게 만들 수 있습니다.

✝ 지속적인 헌신을 위해 힘쓰십시오

교회의 성장에는 많은 사람들의 희생이 있었습니다. 그들은 보통 사람들이 상상할 수 없는 많은 일들을 한 자들입니다. 그러나 아무리 과거에 많은 희생을 했더라도 오늘 그들이 희생을 멈추려고 한다면 그와 더불어 교회의 성장도 멈추게 될 것입니다. 만일 그들이 더 이상 희생할 수 없는 상황에 놓여있다면 교회는 계속적으로 헌신할 수 있는 성도를 세울 수 있어야 합니다.

어떤 그리스도인이 과거에 헌신했던 것을 자랑만 하고 현재는 아무 일도 하지 않고 있다면 그는 지금 교회의 성장을 위해 필요한 성도가 아닙니다. 이 말이 자극적으로 들릴 수 있습니다. 그러나 사실입니다. 이 말은 그가 과거에 했던 것들이 모두 무효라고 말하는 것이 아닙니다. 그가 지난 시간 헌신했던 시간에 대하여 반드시 그리스도의 심판석에서 충분한 보상을 받게 될 것입니다. 그러나 지금 섬기고 있는 교회가 성장하려면 과거에 머물러서는 안 됩니다. 누군가는 계속해서 헌신을 해야 합니다.

어떤 사역자는 "내가 과거에 고생했으니 이제는 좀 편안한 생활을 해도 괜찮지 않겠느냐"고 말합니다. 감히 말하지만 그는 이제 목양의 일을 중단해야 한다고 생각합니다. 왜냐하면 그가 목양의 일을 하고 있는 동안에 주님의 교회는 성장하지 않을 것이 분명하기 때문입니다. 결국 그가 편하게 쉬고 있는 동안에 많은 성도들은 병에 들거나 실족해서 넘어지게 될 것입니다.

이는 성도들에게 있어서 더욱 심각합니다. 만일 헌신을 해왔던 자가 "이만큼 하면 됐지"라는 생각을 갖게 된다면 그는 교회에서 매우 심각한 사람으로 변할 것입니다. 왜냐하면 그는 교회의 모든 일들에 대하여 사사건건 간섭하게 될 것이며, 주님의 일을 진행하는 과정에서 장애가 될 것이기 때문입니다. 그러므로 성도들이 지속적인 헌신을 할 수 있도록 하는 것은 매우 중요합니다. 그것은 교회 안에서 문제의 요소들을 제거하고 더욱 헌신하게 함으로써 더욱 많은 일꾼들을 얻을 수 있습니다. 사역자나 성도들이 지속적으로 헌신하도록 하는 것은 교회의 성장을 이루는데 필수적인 요인입니다.

✝ 성장을 위해 기도하십시오

기도 없이 교회가 성장했다는 말은 거짓입니다. 성장한 교회의 사역자들을 만나보면 그들은 대부분 교회 성장의 제일 첫 번째 요건으로 기도를 말합니다. 사람은 주님의 교회를 성장시킬 수 없습니다. 만일 사람이 교회를 성장시킬 수 있다고 한다면 교회를 "주님의 교회"라고 말하지 않습니다. 교회 성장의 열쇠는 주님에게 있습니다. 교회의 성장을 원한다면 주님께 구해야만 합니다. 그분의 마음을 얻어야만 합니다. 이것은 가장 기본적인 것이면서 우선이 되어야만 합니다.

교회 안에서 기도의 목소리가 끊어지지 않도록 해야 합니다. 기도모임을 통해서 문제를 주님께서 해결해 주시도록 기도해야 합니다. 주의할 것은 기도모임이 성경공부가 되지 않도록 하십시오. 그들은 기도가지루하다고 생각하여 이름만 기도회로 정해놓고 그 시간의 대부분을 성경공부로 대신하려 합니다. 그것이 편할지는 모릅니다. 그러나 교회의 성장을 생각하고 있다면 기도하도록 해야 합니다.

육신의 질병이 있는 사람들을 위해 기도하십시오.

교회에 오래 출석하고 있지 않은 사람들을 위해 기도하십시오.

말씀을 가르치는 자들이 지치지 않도록 기도하십시오.

전도할 대상자들을 위해 기도하십시오.

믿음이 연약한 자를 위해 기도하십시오.

교회의 부흥을 위해 기도하십시오.

그 외에도 교회에는 많은 기도제목들이 있습니다. 그 문제들을 모두 기도모임에 가지고 나오십시오. 그리고 이 문제를 주님께서 해결해 주시도록 구하십시오. 그것이 바로 주님의 교회 안에서 믿음의 삶을 살고 있는 자들의 자세라고 할 수 있습니다. 만일 이런 기도의 삶을 소홀히 여기게 된다면 교회의 성장은 보장할 수 없습니다. 교회의 성장은 오직 주님의 도우심을 통해서만 가능하다는 사실을 기억하십시오.

10. 사역 시스템

교회는 모임 구성원의 특성에 따라 각기 다른 구조를 가지고 운영할 수 있습니다. 그것은 지역적, 환경적, 그리고 모인 사람들의 성격에 따라 그 방법을 달리할 수 있습니다. 그럼에도 불구하고 기본적인 골격은 변할 수 없습니다. 만일 이 기본적인 운영방법에서 벗어나게 된다면 교회는 큰 혼란을 겪을 수 있습니다. 왜냐하면 여기서 말하고자 하는 교회 운영방법은 성경에서 가르치고 있는 기본적이고 기초적인 것이기 때문입니다. 이곳에서는 그 기본적인 시스템에 대하여 말하고자 합니다.

📖 성도들의 역할

오늘날 많은 성도들이 교회관에 취약점을 가지고 있습니다. 성도들이 교회의 구경꾼으로 앉아 있는 모습들을 봅니다. 그러나 성도들에게는 각자 맡겨진 역할이 있습니다.

사역자나 성도들이 서로에게 상처를 주면 교회를 떠나는 것을 당연하게 생각합니다. 뿐만 아니라 교회 밖에서도 얼마든지 자신의 영적 양식을 얻을 수 있을 것이라고 생각합니다. 그들은 세상에 존재하는 모든 교회는 어차피 하나라는 생각으로 어느 교회를 출석해도 괜찮다고 생각합니다. 그들은 이것이 성경적일 것이라고 생각하지만 주님은 그들의 주관적인 생각으로 주님의 교회를 판단하는 것을 원치 않습니다.

교회는 성도들의 연합체입니다

성경은 로마에 있는 교회를 향해 이렇게 말하고 있습니다. "이와 같이 우리 많은 사람이 그리스도 안에서 한 몸이 되어 서로 지체가 되었느니라"(롬 12:5). 이 말은 교회 안에 많은 사람이 있지만 서로 한 몸으로 구성되어 있음을 말합니다. 교회는 하나의 몸입니다(고전 12:20, 엡 4:4, 골 3:15). 이것은 성도들이 교회의 구성원이 되어야 하며, 또한 몸의 일부가 되어 있어야 한다는 사실을 의미합니다.

교회는 크게 두 가지 속성을 가지고 있다고 할 수 있습니다. 즉 우주적인 교회(Universal church)와 지역 교회(Local church)입니다. 우주적인 교회는 성경에 주로 하나님의 교회(The church of God)로 표현된 교회로서 전

세계에 존재하고 있는 모든 그리스도인들에 대해 하나의 몸을 형성하고 있음을 의미하는 단어입니다. 이들은 그리스도의 유일한 신부로서 장차 들림 받게 될 것입니다. 그리고 지역교회는 예수 그리스도의 교회들(The churchs of Jesus Christ)로 표현되어진 교회로서 각 지역에 흩어져 있는 교회들을 의미합니다. 이들 흩어진 교회들 또한 예수 그리스도를 머리로 하여 하나의 몸을 형성하고 있습니다.

성도들은 건강한 교회를 유지하기 위해 소속감을 분명하게 할 필요가 있습니다. 그들은 몸에 붙어있을 때에 진정한 지체가 될 수 있습니다. 만일 자신의 몸이 마음에 들지 않는다고 떨어져 나가게 된다면 말라 죽게 될 것입니다. 마음에 들지 않거나 문제가 있다면 치유할 수 있도록 해야 합니다. 그것이 건강한 교회를 유지할 수 있는 비결이며, 능력 있는 성도들로 양육할 수 있는 매우 기본적인 방법이라고 할 수 있습니다. 교회의 모든 구성원들은 하나의 몸입니다.

교회는 다양한 은사를 가진 자들의 모임입니다

성경은 성도들이 다양한 은사를 가지고 있다고 말씀합니다(롬 12:6, 고전 7:7, 벧전 4:10). 사역자들이 가장 실수하는 것이 있다면 교회 구성원들의 다양성을 인정하지 않으려 한다는 것입니다. 성경은 교회의 구성원들이 동일한 일을 하도록 명령하지 않았습니다. 대부분의 사역자는 기도, 전도, 양육 등 가장 자신 있는 것 중 한 가지를 중심으로 교회의 운영을 하려고 합니다. 그것이 좋은 결실을 가져다줄 수 있지만 오히려 문제를 드러낼 수 있다는 사실에 대해서도 생각해야 합니다.

몸은 그 구성이 다양하며, 각 지체가 하는 역할도 다릅니다. 만일 모든 지체들에게 같은 일을 하도록 강요한다고 생각해 보십시오. 그것은 사실상 불가능합니다. 눈이 물건을 들 수 없습니다. 귀가 말할 수 없습니다. 또한 발이 어떤 사물을 볼 수 없습니다. 만일 무리하게 할 수 없는 것을 하도록 훈련하고 가르치려 한다면 힘이 들뿐만 아니라 몸의 기능이 마비될 것입니다.

기도와 말씀묵상, 전도와 같은 것들은 그리스도인이라면 당연히 생활 속에서 습관화해야 하는 것들입니다. 그러나 모든 성도들이 기도의 능력을 통해서 병자를 일으키고, 기적을 일으키는 것은 아닙니다. 또한 지식이 있어서 훌륭한 성경 교사가 될 수 있는 것도 아닙니다. 그리고 전도자가 되는 것도 아닙니다. 그들은 똑같은 모습이 될 수 없습니다. 그것은 오히려 많은 문제들을 낳을 수도 있습니다.

사역자는 성도들로 하여금 그들 자신이 가진 은사(恩賜, gift)를 발견할 수 있도록 도와주어야 합니다. 그들이 가진 은사가 때로는 사역자가 이해할 수 없는 것일 수 있습니다. 또한 사역자보다도 더욱 뛰어난 영향을 발휘할 수도 있습니다. 그것을 두려워할 필요는 없습니다. 그들이 가진 은사는 분명히 교회에 유익하기 때문입니다. 사역자는 당연히 그들이 교회 안에서 충분히 능력을 드러낼 수 있도록 도와주어야 합니다.

교회는 성도들의 믿음이 성장할 수 있도록 도와주어야 합니다

교회가 성장을 지속하다가 어느 시점부터 성장이 멈추는 모습들을 종종 목격합니다. 그 이유는 교회 안에 믿음이 어린 자들로 가득 차 있기 때문입니다. 교회가 어린아이들로 가득 찰수록 교회는 어려움을 겪게 됩니다. 이는 한 가정이 생활 능력이 없으면서 자녀를 계속 낳는 것과 같은 이치라고 할 수 있습니다. 능력이 없으면 결국 다른 가정으로 양자를 보내야만 하는 것과 같이 교회가 어린아이들로만 가득 차게 된다면 결국 그 아이들이 성장하기 위해서 다른 곳으로 옮겨갈 수밖에 없습니다. 이런 현상은 실제로 교회 안에서 일어나고 있는 일입니다.

어떤 교회는 그들이 구원받았고 또 그것이 온전하고 안전하다는 사실을 들어 성장을 위해 노력할 필요가 없다고 가르칩니다. 그들의 목표는 단순히 그들의 영혼이 구원을 받는 데 있습니다. 그들은 주님께서 그들의 죄를 단번에 해결하셨기 때문에 더 많은 사람들이 이 구원에 들어오도록 해야 한다고 가르칩니다. 그들의 가르침은 그럴듯해 보이지만 더 중요한 사실을 잊고 있습니다. 바로 성장에 관한 것입니다.

구원을 받았거나 거듭났다(born again)는 말은 이제 갓 태어났다는 것을 의미합니다. 아기가 어머니의 뱃속에서 나와 사람의 모습을 가지고 이 세상에 나왔다고 모든 것이 끝난 것입니까? 아닙니다. 실제로 그 때로부터 시작하는 것입니다. 젖을 먹고, 부드러운 음식을 먹고, 나중에는 단단한 식물을 먹으며, 결국에는 스스로 모든 것을 해결할 때까지 그는 성장해야만 합니다.

사역자는 어린 성도들이 장성해서 스스로 묵상하고, 믿음의 삶을 살아갈 수 있을 때까지 끊임없는 관심과 사랑 속에서 성장할 수 있도록 도와주어야 합니다. 낳는 것으로 부모의 역할을 다했다고 말할 수 없습니다. 오히려 낳았다는 것은 그만큼의 책임을 동반합니다. 어린 성도들이 장성해서 훌륭한 믿음의 삶을 살 수 있도록 하는 것이 진정한 사역자의 자세입니다.

🕮 양육방향

가르침의 방향은 매우 중요합니다. 때때로 이 시대가 바른 진리 안에 있지 않다는 이유로 성도들을 각종 쟁점(issue)이 될 만한 주제로 양육하는 교회가 있습니다. 바른 성경관의 문제라든지 교회관, 그리고 구원관에 이르기까지 다양한 주제를 가지고 성도들에게 이 시대의 교회들에 대하여 비판적인 사고를 심고, 자신의 교회만이 바른 교회라는 인식을 심는데 주력합니다. 이런 것을 가르치는 과정이 필요한 것은 사실이지만 그것이 성도들을 양육하는 최종적인 목표가 되어서는 안 됩니다. 오히려 그것은 많은 부작용을 낳게 할 수 있습니다. 그렇다면 성도들을 어디로 인도해야 하는 것인가요?

하나님을 사랑할 수 있도록 가르쳐야 합니다

하나님을 사랑하는 것이 마땅하지만 실제로 이런 방향으로 가고 있는 교회는 많지 않습니다. 주변에는 평생 예배당 한번 짓고 죽는 것이 소원이라고 말하는 사역자가 있습니다. 실제로 많은 사역자들이 교회가 성장해서 큰 건물을 가지는 것을 소원으로 삼고 열심히 일합니다. 그러나 조금만 더 생각해 볼 필요가 있습니다. 주님께서 사역자에게 교회의 건물을 지으라고 사명을 주신 것이 아닙니다. 누군가에게는 그런 사명을 주실 수도 있겠지만 그것은 사역의 본질을 잃은 것이라고 할 수 있습니다.

사역자의 역할은 분명합니다. 그들은 사람들과 하나님 사이를 연결해야 하는 소명을 받은 자입니다. 불신자들에게는 복음을 통해 하나님을 소개하고, 믿는 자들에게는 하나님께 더욱 가까이 다가가는 방법들을 소개함으로써 그들이 더욱 하나님을 사랑하고, 그분과 더불어 아름다운 삶을 설계해 가도록 하는 것이 바로 사역자의 역할입니다. 만일 이 일에 자신의 신념이나 목표를 더하게 된다면 그는 이미 종으로서의 역할을 포기한 것이나 다름이 없습니다.

이 시대에는 많은 사역자들이 사역방향을 잘못 잡고 있습니다. 그들의 목표는 오직 자신들의 교회가 더욱 많은 교인들로 넘치며, 더불어 사람들에게 영광을 얻겠다는 생각들로 가득 차 있습니다. 그는 이미 하나님의 자리에 앉아있는 자들입니다. 자신이 주님께서 종으로 세워주셨음을 믿는 참 목자라면 그는 성도들에게 하나님을 사랑하도록 가르칠 수 있어야 합니다. 이것은 사역자가 가져야 하는 매우 중요한 자세입니다. 물론 이런 기본자세에 대해서 대부분의 사역자들은 잘 알고 있습니다. 그러나 중요한 것은 그것을 머리로만 생각하는 것이 아니라 성도들이 삶에 적용할 수 있도록 힘써야만 합니다.

이웃을 사랑할 수 있도록 힘써야 합니다

사람을 사랑하는 법을 이해하는 것은 쉬운 것이 아닙니다. 사랑이라는 말이 영어 성경인 KJV에는 "Charity"라고 기록되었습니다. 그것은 일반적으로 쓰여지는 "Love"와는 조금 구분되어지는 단어입니다. 왜냐하면 그리스도인들이 가져야 할 형제에 대한 사랑을 표현할 때 쓰이는 단어이기 때문입니다. 이 말은 곧 모든 그리스도인들이 이웃에 대한 사랑을 기반으로 하는 사랑(Charity)을 할 수 있어야 한다는 것을 의미합니다.

대부분의 사람들이 사랑을 하는 데는 조건이 따릅니다. 상대방이 사랑을 했을 때 나도 사랑할 수 있다는 조건 있는 사랑을 말합니다. 그러나 그리스도인의 사랑은 다릅니다. 고린도전서 13장에서 언급하고 있는 사랑(Charity)이 그에 대한 답을 주고 있습니다. 그 사랑은 조건 없이 일방적인 것입니다. 쉬운 말로 짝사랑이라고도 할 수 있습니다. 하나님은 우리를 일방적으로 사랑하셨습니다. 그리고 예수님은 이 땅에 오셔서 자신들을 향해 조롱하고 핍박하는 이들을 위해서 기꺼이 자신의 몸을 십자가에 내맡기셨습니다. 그리고 이 사랑을 통해 구원의 길을 완성하셨습니다. 바로 이 모습이 그리스도인들이 이웃에게 행해야 하는 사랑입니다.

사역자는 성도들로 하여금 조건 없는 사랑을 할 수 있는 힘을 키워주어야 합니다. 그들이 어떠한 상황에서도 사랑하는 마음을 버리지 말도록 독려하고 가르쳐야 합니다. 그러나 유감스럽게 사역자 자신도 이런 사랑을 하지 못하고 있습니다. 그것은 성도들에게 독약과도 같습니다. 참 목자라면 사랑하는 법을 알아야 하고, 또한 그것을 성도들이 실천할 수 있도록 가르쳐야 합니다.

📖 교육 프로그램

목표를 이루기 위해서는 충분한 계획이 필요합니다. 계획 없이 목표를 향해 간다면 그는 분명히 실패를 경험하게 됩니다. 많은 사역자들이 주님이 알아서 해 주실 것이라는 막연한 생각을 가지고 일단 아무 일이나 시작합니다. 그러나 성경에는 이미 교회가 어떻게 시스템을 가져야 하는지 제시하고 있습니다. 그것은 교회 안에서 계획을 완성시켜주는 중요한 가르침입니다.

제자훈련(마 28:19,20)

제자훈련은 오래되었지만 효과적으로 교회에서 사용된 방법입니다. 많은 이들이 다양한 방법을 시도했지만 결국에는 이 방법으로 돌아왔습니다. 교회는 운영을 위해 조직이 필요합니다. 어떤 사람은 조직 무용론을 주장하기도 하지만 그것은 소수의 무리를 두고 사역을 하는 이들의 생각일 뿐입니다. 교회가 성장을 거듭하고, 많은 사람들이 모이게 되면 자연스럽게 조직은 만들어질 수밖에 없습니다.

사역자가 모든 성도들을 상대할 수는 없습니다. 그래서 어떤 이들은 한 사역자가 모든 성도들을 상대할 수 있는 수준의 성도수가 약 150~200명 정도라고 해서 그 이상 성장하는 것은 바람직하지 않다고 말하는 이들도 있습니다. 그러나 그것은 억지스런 주장입니다. 주님의 교회가 성장하는 것에 대하여 어떻게 사람이 조절할 수가 있겠습니까? 또한 교회의 회원이 되고자 하는 사람들을 어떻게 돌려보낼 수 있겠습니까? 건강한 주님의 교회는 계속해서 성장하게 될 것이고, 그들은 어떠한 형태이든 간에 자연스럽게 조직화될 것입니다.

교회는 질서 있게 움직여야 합니다(고전 14:40, 골 2:5, 살후 3:7). 그것은 먼저 교회가 주님의 뜻에 따라 움직여야 하고, 또한 그 일을 위임받은 사역자(고후 5:20, 엡 6:20)의 지도를 따라가야 합니다. 만일 사역자가 그 일을 훌륭하게 수행할 수 있는 제자들을 양육하지 못했다면 교회는 사역자의 의도와는 관계없이 방향을 잃게 될 것입니다. 그러나 바른 제자들을 양육했다면 일사불란하게 성도들을 인도할 수 있습니다. 제자 양육은 교회의 미래를 위해 반드시 준비해야만 하는 특별한 과제입니다.

효과적인 집회운영

교회가 성장하게 되면 사역자가 모든 성도들의 가정을 방문할 수 없습니다. 그리고 개인적인 상담이나, 교육에서 한계를 느끼게 됩니다. 이런 한계를 극복하기 위해서 가장 효과적으로 이 모든 것을 할 수 있는 것이 바로 집회라고 할 수 있습니다. 집회에는 여러 가지의 종류가 있습니다.

매주 드리는 주일예배가 있습니다. 이 시간은 사역자가 교회의 사역 방향과 목적, 그리고 건강한 성도의 생활에 대해 말해줄 수 있는 가장 효과적인 시간입니다. 그것은 여러 차례의 상담이나, 권면보다 더 효과적인 것이기도 합니다. 그들은 습관적으로 교회를 찾을 것이며, 사역자는 그들이 문제를 만나기 전에 예방할 수 있습니다. 그러나 예방만으로 모든 것이 해결될 수는 없습니다. 성도들이 주일예배만으로 자신들의 믿음을 지키기에는 이 세상이 그리 호락하지 않습니다.

교회는 적절한 기도모임을 가질 필요가 있습니다. 그것은 교회가 더욱 능력 있는 사역을 할 수 있도록 도울 수 있습니다. 성도들은 서로 기도 문제를 나눔으로써 스스로 문제를 해결해 갈 수 있습니다. 교회 또한 공동의 문제를 놓고 기도함으로써 서로 협력하여 문제를 더욱 효과적으로 풀어갈 수 있습니다. 그들은 기도를 통해 하나님을 의지하게 될 것이고, 스스로 문제를 해결할 수 있는 능력을 각종 기도모임을 통해 배워갈 수 있습니다. 그것은 대부분의 교회에서 인기 있는 모임은 아니지만 매우 중요한 모임입니다.

효과적인 사역을 위해 특별한 집회를 갖는 것도 중요합니다. 이것은 교회가 필요한 것을 보충하는 역할을 합니다. 모든 교회는 부족한 것이 있습니다. 때로는 교회가 정체되어 새로운 동기를 부여해야만 할 때도 있습니다. 이런 모든 것들을 해결하는 방법으로 특별한 집회를 갖는 것이 좋습니다. 외부의 강사를 섭외할 수도 있으며, 때로는 자체적으로 할 수 있습니다. 그러나 그것을 너무 자주 갖는 것은 위험할 수도 있습니다. 왜냐하면 교회가 방향을 잃고 표류할 수도 있기 때문입니다. 또한 교회의 안정을 해치는 결과를 낳을 수도 있습니다. 그러나 적절한 집회는 교회에 유익을 줄 수 있습니다. 그것은 교회 성장에 큰 영향을 미치기도 합니다.

역할과 책임의 분담

사역자가 만능일 수는 없습니다. 오히려 대부분의 사역자는 설교와 기도생활에는 익숙하지만 사회생활에 대한 경험부족으로 성도들과 교제에서 많은 문제를 노출시키기도 합니다. 오히려 그러한 부분에서는 경험 많은 성도들이 성도들을 상담을 해줄 수 있습니다. 또한 많은 물질이 소요되는 일이 추진되었을 때, 사역자가 직접 물질을 다루기보다는 성도들에게 맡기는 것이 더욱 효과적일 수 있습니다. 이런 사실은 성도들의 역할과 책임 분담이 필요하다는 것을 알게 합니다.

대부분의 교회는 처음 시작할 때 성도들을 중심으로 교회를 운영하기 위해 계획을 세웁니다. 그러나 얼마가지 않아 인내심의 부족으로 그러한 운영을 포기합니다. 오히려 사역자가 전권을 가지고 교회를 운영합니다. 그러한 운영이 때로는 성도들에게 많은 불만을 만들어 내는 요인들을 제공하기도 합니다. 성도들이 드러내놓고 말하지는 않지만 그들은 자신들의 일을 사역자가 하고 있다는 생각으로 결국 교회의 일을 등한시할 수 있습니다.

사역자는 성도들에게 교회의 일을 맡기는 것에 대해 주저할 필요가 없습니다. 그것이 때로는 시행착오와 문제를 낳더라도 크게 걱정할 필요는 없습니다. 그것은 장래에 교회의 유익을 위해 좋은 경험이 될 수 있습니다. 성도들이 교회의 일에 대하여 스스로 대처하지 못하고 사역자의 지시만 받는 수동적인 형태로 움직이게 된다면 교회는 본래의 기능을 수행하기 어렵습니다. 그리고 장래에 새로운 사역자가 부임을 하게 되면 혼란을 겪게 될 수 있습니다.

사도들이 오직 기도와 말씀에만 전념했다는 사실을 기억하십시오(행 6:4). 집사들은 구제의 일을 위해 세워졌다는 사실도 기억하십시오(행 6:1-3). 그들은 스스로 이 일을 할 줄 알았고, 교회는 날로 성장해 갈 수 있었습니다. 성도들의 자발적인 참여와 헌신이 있는 교회가 바르게 성장할 수 있습니다.

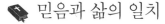 믿음과 삶의 일치

성도들은 생활 속에서 그들의 믿음이 드러나도록 해야 합니다. 그들

이 교회 안에서 아무리 지식이 풍부하고, 경건해 보인다 할지라도 그리스도인으로서 모범을 보이지 않는다면 이미 절반은 실패한 그리스도인입니다. 교회는 그들이 생활을 통해 경건한 그리스도인으로서의 삶을 살 수 있도록 도와주어야 합니다.

가정과 교회생활 모두 충실할 수 있도록 해야 합니다

교회와 가정, 이 둘의 관계는 서로 보호를 받아야 하며, 또한 서로 희생을 감수해야 합니다. 어떤 사역자는 교회를 위해 가정이 희생되어야 한다고 가르칩니다. 반대로 가정이 안정되기 위해서는 사역을 중단할 수도 있다고 말하기도 합니다. 그러나 이 두 가지는 모두 틀린 답입니다. 교회의 운영을 위해 가정이 희생될 수는 없습니다. 반대로 가정의 문제로 교회가 주님의 일들을 멈출 수도 없습니다. 교회와 가정은 적당한 균형을 이루면서 질서 있게 운영이 되어야 합니다.

교회 문제로 가정이 파경을 맞는 경우를 종종 목격합니다. 그들은 스스로가 주님을 섬기는 과정에서 생긴 일이니 괜찮을 것이라고 생각합니다. 그러나 그 일은 주님께서 기뻐하시지 않을 것입니다. 왜냐하면 가정은 주님이 주신 소중한 선물이기도 하며, 또한 우리가 이 세상을 사는 동안 지켜야 할, 가장 우선순위에 두어야 할 대상입니다. 가정의 안정이 없이 교회에서 헌신할 수 없습니다. 만일 그가 불안정한 가정생활을 하면서 교회의 일을 하고자 한다면 그는 교회와 가정 모두 위태롭게 할 수 있습니다.

교회는 성도들이 건강한 가정을 가질 수 있도록 도와주어야 합니다. 가정의 질서를 위해 권면하고, 또한 그들이 어떻게 주님 안에서 믿음의 가정을 세워가야 하는지를 말해주어야 합니다. 또한 가정은 교회를 위해 헌신할 수 있는 방법들을 생각해야 합니다. 가정의 안정을 위한다고 말하면서 교회를 등한시한다면 오히려 역효과를 낼 수 있습니다. 그들은 스스로 교회에 헌신할 방법을 찾아내고, 또한 교회의 필요에 따라 봉사할 준비를 할 수 있어야 합니다. 이처럼 교회와 가정이 적당한 조화와 질서를 유지했을 때 모두가 건강하게 성장해 갈 수 있습니다.

다양한 은사를 통해 일할 수 있도록 해야 합니다

교회에서 성도들이 은사를 활용하는 문제는 너무 중요하기에 다시 한번 강조합니다. 모든 성도들은 성령의 은사를 가지고 있다고 말하고 있습니다(고전 12:1-12). 그것은 사역을 위해서 주어졌습니다. 결코 스스로의 만족을 위해 마음속에 품어 두어서는 안 됩니다. 교회는 은사를 지닌 성도들이 삶에서 다양하게 적용할 수 있도록 가르치고, 훈련해야 합니다. 그것은 주님의 계획을 이루어드리는 또 하나의 방법이라고 할 수 있습니다.

많은 교회가 이 문제에 실패하고 있습니다. 그들은 서로가 가진 은사들에 관심을 두고 있지 않습니다. 오히려 다른 성도들이 지닌 은사들에 대하여 시기하는 일조차 벌어지고 있습니다. 자신보다 조금 지혜로운 자에 대하여 비방을 일삼고, 탁월한 능력을 나타내면 오히려 마귀적이라고 공격을 하기도 합니다. 그러나 시기, 비방이 오히려 마귀적이라고 할 수 있습니다. 교회 안에서 다양한 은사가 나타나는 것은 당연합니다.

대부분의 교회에서 성도들의 다양한 은사를 활용하지 못하고 있습니다. 어떤 사역자는 자신이 모든 은사를 통달한 사람처럼 행동을 합니다. 그러나 그것은 분명히 많은 문제를 가져다줍니다. 성경은 분명히 사람마다 가진 은사들이 있고, 그들이 교회 안과 밖에서 그러한 은사들을 사용해야 한다는 점을 강조하여 말하고 있습니다. 종종 성도들이 사역자보다 더욱 특별하게 보이는 은사를 가지고 있음을 보게 됩니다. 그래서 때로는 시기하는 경우도 있습니다. 그러나 이런 문제로 염려할 필요는 없습니다. 사역자로 세움을 받은 것과 은사는 다릅니다. 다만 그들은 모두 자신들이 가진 은사들을 최대한 사역에 적용할 수 있도록 해야 합니다. 이것이 바로 사역자의 능력이라고 할 수 있습니다. 우리가 섬기고 있는 교회를 돌아보십시오.

성도들이 성경적인 삶을 살도록 도와야 합니다

사역자가 성도들의 가정을 감시할 수 없습니다. 만일 실제로 그런 사실을 알게 된다면 성도들은 매우 불쾌하게 생각할 수 있습니다. 그렇다고 사역자가 성도들의 가정이 어떻게 생활을 하고 있는지 방치해 둘 수도 없습니다. 사역자의 입장에서 보면 그들은 자신에게 맡겨진 양이기 때문입니다. 그렇다면 사역자는 그들을 위해 어떻게 해야 하는 것입니까?

양은 끊임없이 목자의 인도를 따라 양식이 있는 곳으로 이동합니다. 그러나 목자가 양에게 양식을 직접 먹이지 않습니다. 목자는 양을 데리고 풀이 있는 곳으로 이동할 뿐입니다. 이것이 교회 안에서 사역자가 성도들에게 행하는 것과 무슨 관계가 있는 것입니까? 오늘날 많은 사역자들은 성도들에게 직접 양식을 먹이려고 합니다. 그러한 과정에서 때로는 과다 섭취로 문제가 일어나고, 때로는 영양실조가 되기도 합니다. 그들에게 필요한 것은 적당한 양식에, 적당한 운동입니다. 그것은 스스로 배가 고프면 먹게 될 것이고, 배가 부르면 먹는 것을 멈추고 적당한 운동을 하는 것과 같은 이치입니다.

사역자는 성도들이 스스로 하나님의 말씀을 묵상할 수 있도록 인도해야 합니다. 그들이 스스로 말씀을 묵상하는 방법을 말해주고, 또한 그 필요성에 대하여 가르침으로써 양들을 넓은 풀밭으로 인도할 수 있어야 합니다. 생명이 있는 자들이라면 스스로 하나님의 말씀을 묵상할 수 있습니다. 물론 생명이 없는 자들이라면 그들은 아무리 하나님의 말씀을 묵상할 수 있도록 돕는다고 하여도 그들은 말씀을 덮어둘 것입니다.

사역자로부터 말씀을 직접 받아먹는 것에 익숙해지게 되면 그들은 양식을 앞에 두고도 먹지 않게 될 수 있습니다. 그들은 언제나 사역자만을 바라보게 될 것이고, 사역자가 사역에 소홀히 하게 되면 굶을 수밖에 없습니다. 물론 훌륭한 사역자를 만나면 언제나 넉넉하고 배부르게 양식을 취할 수 있습니다. 그러나 가장 좋은 방법은 사역자들의 지도 아래 성도들이 스스로 양식을 취할 수 있도록 돕는 일을 하는 것이 모든 면에 있어서 유익합니다. 스스로 하나님의 말씀을 섭취할 수 있도록 인도하십시오. 그것은 사역자나 성도들 모두에게 가장 바람직한 방법입니다.

🖋 교회 사역의 정리

교회를 종교단체로 생각하는 이들이 있습니다. 이 말에는 결코 동의할 수 없습니다. 주님의 교회는 일반적인 종교와는 분명히 구분됩니다. 종교는 사람이 하나님을 찾는 것입니다. 그리고 그들의 의지로 하나님께 도달하려고 합니다. 그러나 주님의 교회는 하나님께서 사람을 찾아 오셨고, 또한 피로 값을 치르고 사셨으며, 또한 친히 주인이 되셔서 관리하고 계십니다. 성경은 교회가 주님의 몸이고, 성도들은 각 지체라고 말하고 있습니다. 이는 곧 교회는 일반적인 종교 단체가 운영하는 방법과는 달라야 한다는 것입니다.

교회는 거룩히 구별되어야 합니다

왜 하나님께서는 이 땅에 교회를 세워두셨습니까? 그것은 단순히 하나님의 존재를 알게 하거나 유지하는 데 목적이 있지 않습니다. 하나님은 교회를 통해 다가올 세상을 준비하고 계십니다. 그리고 교회에 속한 자들로 하여금 통치하게 하실 것입니다. 성도는 장차 그분의 뜻 아래서 세상을 다스리게 될 것이며, 하나님은 교회를 통해 통치할 자를 훈련하고 계십니다. 이 일을 위해서 교회는 당연히 이 시대에서 주님의 뜻을 이루어드릴 수 있도록 해야 합니다. 그렇다면 무엇을 준비해야 하는 것입니까?

교회는 분명히 세상과는 구별이 되어야 합니다(살전 4:3). 현대 교회들이 교회가 세상의 문화와 다르지 않고, 또한 일반 종교와 다르지 않다는 점을 심기 위해 애를 쓰고 있지만 이는 주님의 뜻을 외면하는 사탄적인 것입니다. 교회는 세상에서 거룩하게 구별되어야 합니다.

성도들이 성장할 수 있도록 도와야 합니다

교회가 양적인 성장을 하는 것은 중요합니다. 그것은 주님이 기뻐하실 만한 것입니다. 그러나 만일 성도들의 영적인 성숙과 성장 없이 숫자만 늘어가고 있는 교회라면 심각하게 생각해야 합니다.

교회는 구원받은 성도들의 모임입니다. 교회는 세상에 있는 사람들에게 예수 그리스도를 소개함으로써 교회 안에 들어오도록 하는 것이 매우 중요한 사역이라고 할 수 있습니다. 그것은 교회가 존재하는 가장 큰 이유라고 할 수 있습니다. 그러나 만일 교회가 구원과 관계없이 구제와 각종 사회 활동을 통해 사람의 숫자만 더해가는 형태로 발전되어 간다면 그것은 교회라고 말할 수 없습니다. 왜냐하면 교회는 구원받은 성도들의 모임이기 때문입니다.

구원받은 성도들만을 모아놓고 단순히 예배를 드리는 것으로 교회의 역할이 끝났다고 말할 수 없습니다. 많은 교회들이 구원의 안전함을 믿고, 성장하는 것을 포기하기도 합니다. 그것은 주님의 교회를 제대로 이해하지 못하기 때문에 오는 결과입니다. 우리는 장차 다스릴 자들입니다. 통치할 자는 당연히 더욱 많은 훈련을 필요로 합니다. 그것은 믿음의 성숙과 매우 밀접한 관계가 있습니다.

단순히 숫자적인 성장이 훌륭한 지도자들을 많이 만들어내지 않습니다. 기초가 든든하고, 그 토대 위에서 성실하게 사명을 감당하는 자가 반드시 훌륭한 지도자가 될 수 있습니다. 과연 우리 가운데는 장차 왕이 될 만한 능력을 가진 자가 얼마나 있는지를 돌아볼 필요가 있습니다.

성도들이 하나님의 뜻을 따라 살도록 도와야 합니다

"항상 기뻐하라 쉬지 말고 기도하라 범사에 감사하라"(살전 5:16-18)는 것은 하나님의 뜻입니다. 이는 그리스도인의 생활이 어떠해야 하는지 가르치고 있습니다. 그리스도인의 기초적인 생활에 있어서 기쁨, 기도, 감사는 언제나 함께해야 합니다. 성도들이 교회 안과 밖에서 이런 생활을 할 수 있도록 하는 것이 주님의 뜻을 이루어 드리는 일이라고 할 수 있습니다. 그것은 교회의 중요한 존재 이유입니다.

또한 하나님의 뜻과 관련하여 "이방인들 가운데서 너희 행실을 선하게 하라"(벧전 2:12-15)고 말씀하고 있습니다. 그것은 비록 이방인들이 교회에게 불이익을 준다고 할지라도 불평하거나 대항하지 말고, 그들에 대하여 순종하라는 의미를 가지고 있습니다. 물론 진리에 대한 타협이나 교회의 폐쇄 같은 명령에 대하여 순종할 수는 없습니다. 그렇지만 세상의 통치에 대해 그들의 권세를 인정하고 받아들이라는 의미를 포함하고 있습니다. 이것은 장차 교회가 들림을 받은 이후에 그 가운데 속한 자들로 하여금 이 세상의 통치자로 삼는 것과 무관하지 않습니다. 당연히 교회는 이 일을 준비하는 과정으로 통치자에게 순종하는 것을 훈련해야 합니다.

하나님의 뜻에 대한 또 하나의 가르침은 "선을 행함으로 고난 받는 것"(벧전 3:17)입니다. 많은 사람들은 어떻게 고난을 받는 것이 하나님의 뜻입니까? 라고 질문할 수도 있습니다. 그러나 선을 행하는데 있어서 고난은 당연합니다. 왜냐하면 우리 안에서 선한 일을 하도록 하신 것은 바로 주님이시기 때문입니다(빌 1:6). 그렇다면 당연히 사탄의 공격을 받게 될 것이고, 그것은 곧 그리스도인으로서 견디기 힘든 삶을 살게 될 수도 있음을 의미합니다. 그것은 철저히 주님의 뜻 아래 있습니다. 그리고 그것은 주님의 교회가 감당해야만 합니다.

주님의 교회는 그분의 뜻에 따라 존재되어야 합니다. 만일 주님의 뜻이 무시된 채 사람의 생각과 의지대로 운영이 된다면 그것은 일반 사교 모임과 전혀 다르지 않습니다. 과연 우리가 속해있는 교회는 주님의 뜻을 이루어드리고 있는지를 살펴보아야 합니다.

11. 교육과 훈련

교회는 다양한 교육 방법을 받아들이고, 더욱 효과적인 교육을 위해 연구하고 끊임없이 공부합니다. 사역에서 교육을 제외한다면 그 사역은 어떻게 될까요? 당연히 오래갈 수 없습니다. 그러나 교회 교육이 세상 교육과 많이 다르기 때문에 그 효과는 장담할 수 없습니다. 한국사회에서 행해지고 있는 대부분의 교육은 기독교에서 온 것입니다. 그래서 교육만큼은 교회가 훨씬 앞서있다고 말할 수도 있습니다. 그러나 현실은 그렇지 못합니다. 왜냐하면 오늘날 교회들이 교육을 통한 효과를 보지 못하고 있기 때문입니다.

교육에 특별한 방법이 있는 것은 아닙니다. 교회의 환경과 분위기, 성도의 구성원, 그리고 믿음의 분량에 따라 달라질 수 있습니다. 그러나 원칙은 크게 달라지지 않습니다. 그 원칙 아래서 현실의 상황을 잘 조화시켜 성도들을 교육한다면 매우 놀라운 결과를 경험할 수 있습니다.

📖 교육과 설교는 다릅니다

이미 앞에서 설교와 성경공부가 다르다는 점에 대하여 말한 바가 있습니다. 이와 마찬가지로 많은 사역자들이 설교와 교육을 혼돈합니다. 그래서 설교자들은 강단을 지식을 전달하는 수단으로 이용하기도 합니다. 그러나 설교는 선포의 형식을 가지고 있기 때문에 성도들이 지식을 얻기 위한 수단으로 설교를 듣게 된다면 오히려 역효과를 가져올 수 있습니다.

교육(성경공부)은 설교와는 다릅니다. 그것은 철저히 지식 전달의 수단으로 이용되어야 합니다. 성경 공부를 통해서 충분히 지식을 얻게 되지 못한다면 그것은 곧 교육의 실패를 의미합니다.

교육은 설교를 이해하는데 매우 중요한 역할을 합니다. 설교자는 강단에서 어렵고 복잡한 내용의 설교를 절제하는 대신에 부족한 부분은 교육을 통해 보충할 수 있습니다. 설교자가 만일 어려운 주제들을 설교를 통해 성도들에게 이해시키고자 한다면 설교는 길어지게 될 것이고, 인내심이 없는 성도들은 지루하게 생각합니다. 그러나 성도들이 충분한 교육을 받았다면 굳이 설교를 길게 할 필요도 없으며, 복잡하게 이해시킬 필요도 없습니다.

유명한 설교자는 대체적으로 단순한 내용의 설교를 합니다. 그것은 성도들의 수준이 낮아서가 아닙니다. 그들은 대부분 강단을 내려와서 각종 교육을 할 때면 매우 복잡하고 어려운 교리적인 문제나 논쟁거리들을 성도들에게 이해시키기 위해서 노력합니다. 이것이 바로 설교와 교육의 가장 큰 차이입니다.

지혜로운 사역자라면 설교를 할 때 기초적인 것들을 말합니다. 왜냐하면 설교를 듣는 자들은 성숙한 그리스도인들도 있지만 구원을 받지 못한 사람도 있기 때문입니다. 설교는 구원을 받지 못한 사람에게 맞춰져 있어야 하고, 최소한 믿음이 연약한 사람에게 중심을 두어야 합니다. 왜냐하면 만일 성숙한 믿음의 사람들에게 설교를 하려 한다면 다른 청중들은 설교를 들을 필요가 없는 사람이 될 수도 있기 때문입니다.

성숙한 믿음의 사람을 위해 어떻게 해야 하는 것입니까? 그들을 위해 교육이 필요합니다. 그들은 끊임없이 배워야 하고, 또한 다른 성도들을 양육할 수 있도록 훈련되어야 합니다. 그들이 설교를 들을 때는 자신이 받은 구원의 은혜를 돌아볼 수 있는 시간으로 삼아야 하고, 또한 구원받지 못한 자들과 연약한 믿음을 가진 자들을 잘 돌보면서 그들의 믿음이 더욱 성숙할 수 있도록 도와야 합니다. 설교는 다양한 사람들을 모아두고 하는 것이지만 교육은 모인 사람들의 특성과 성격에 따라 차별화시킬 수 있다는 점도 인식할 수 있어야 합니다.

📖 교육을 지식의 전달로 끝내서는 안 됩니다

교육은 교회 안에서 가장 중요한 사역 가운데 하나입니다. 그러나 그것이 전부라고 할 수는 없습니다. 간혹 모든 운영이 교육에 맞춰져 있는 교회를 봅니다. 지식을 전달하는 것으로 교회의 역할을 제한하려 하는 이런 모습은 위험합니다. 왜냐하면 사역은 그 외에도 전도, 봉사, 상담, 기관운영, 기도회, 찬양 등 다양한 활동들을 포함하고 있기 때문입니다. 만일 교회가 교육 이외에 어떠한 것도 관심을 두지 않는다면 자칫 기형적인 교회로 성장할 가능성이 있다는 사실을 염두에 두어야만 합니다.

대부분의 사역자가 교육에 주력합니다. 그러나 그런 이유로 다른 기능들을 무시하게 된다면 그것은 마치 성경학교에 불과하다고 할 수 있습니다. 주님은 교회가 성경학교에 머물러 있는 것을 원하시지 않습니다. 지혜로운 사역자라면 효과적인 교육을 통해 단순히 성경 지식을 전달하는 것이 아니라 다양한 교회의 운영과 관련한 지식과 방법을 가르쳐야 합니다. 모든 것이 단순한 지식으로만 해결될 수 없습니다.

책상 앞에 사람들을 앉혀 두는 것만이 교육이라고 말할 수는 없습니다. 때로는 현장에서 직접 실천해 보이는 것이 교육의 효과를 더욱 높여 줍니다. 전도에 대한 교육을 함에 있어서 몇몇 성경구절과 영접시키는 방법을 배웠다고 교육했다고 말할 수 없습니다. 때로는 그들과 함께

거리로 나가서 직접 전하는 것이 더욱 효과적일 수도 있습니다. 일반적으로 사람들이 생각하는 교육은 지식의 전달에 있다고 생각합니다. 그러나 그리스도인들에게 있어서 이런 교육은 바람직하지 않습니다. 오히려 많은 문제를 낳을 수도 있습니다. 효과적인 교육을 위해 생활 속에서 교육의 방법을 찾아내는 것도 지혜로운 것이라고 할 수 있습니다.

하나님을 아는 지식에서 자라가는 것은 분명히 성경의 가르침입니다 (골 1:10). 누구도 이 사실을 부정할 수 없습니다. 그러나 단순히 아는 것으로 멈추게 된다면 그 지식은 아무런 의미가 없습니다. 오히려 그것은 다른 이들을 정죄하고, 판단하는 도구가 될 것입니다. 그러므로 성도들로 하여금 지식이 전부인 것처럼 가르치는 것은 오히려 더욱 위험한 것이 될 수 있음을 기억해야 합니다.

✝ 교육은 체계적인 관리가 필요합니다

다른 분야들은 설교를 통해 충분히 동기를 부여하고 행할 수 있습니다. 그러나 교육을 계획 없이 실행하는 것은 거의 불가능합니다. 왜냐하면 교회는 지식적으로 워낙 다양한 사람들이 모여있기 때문입니다. 전도나 봉사, 헌금 등은 충분한 동기를 부여받게 되면 할 수 있는 것이지만 교육은 어린아이에게 단단한 식물을 먹일 수 없는 것처럼 계획 없이 진행된다면 오히려 역효과가 날 수 있습니다. 그 일들을 위해서 준비해야 할 몇 가지 사항들이 있습니다.

주기적으로 신앙을 점검하십시오

그리스도인들은 영적 싸움을 하는 자들입니다. 그들이 아무리 훌륭한 믿음을 가지고 있더라도 범사에 근신하며 깨어있는 그리스도인으로 생활하지 않는다면 실족할 수 있습니다(벧전 4:7). 그 일을 위해 믿음이 흔들리지 않도록 훈련하고 가르치는 일이 중요하지만 그럼에도 불구하고 지속적인 점검이 필요합니다.

사역자들이 믿음이 좋다는 성도들로부터 배반을 당하는 장면들을 종종 목격합니다. 심지어 어떤 성도는 기독교를 버리고 다른 종교로 개종하는 일도 있습니다. 이런 일들이 어떻게 가능할까요? 실제로 그는 교회를 다니고, 열심히 교회와 사역자의 인도를 따랐지만 실제로는 예수 그리스도를 개인의 구주로 모셔들인 경험이 없는 자입니다. 교회 안에는 이런 성도들이 많이 있습니다. 이들은 마치 자신이 교회에 다니는 것을 장식품인 것처럼 생각합니다.

사역자는 교회 안에 구원받지 못한 자들이 있는지 주기적으로 살펴야 합니다. 때로는 그들이 사역자를 속일 수도 있기 때문입니다. 물론 그들의 속임수는 의도적인 것이 아닙니다. 자신이 귀찮아질 것을 우려해서 생기는 것일 수도 있습니다. 물론 주범은 마귀입니다. 사역자는 영적으로 이들보다 더 뛰어난 통찰력을 필요로 합니다. 사람을 겉으로만 보는 것이 아니라 언제나 성도들의 행동을 살피고, 그리스도인으로서 생명이 있는 자인지를 돌아볼 수 있어야 합니다.

생활의 변화를 살피십시오

생활의 변화는 성도들의 믿음에 커다란 영향을 미칩니다. 직장을 잃었거나 옮겼을 때, 상급 학교에 진학을 하거나 실패했을 때, 집 안에서 누군가 태어나거나 사망을 했을 때와 같은 모든 경우에 있어서 생활의 변화는 성도들에게 매우 민감하게 작용을 합니다. 그것은 때로 위협적인 것이 될 수도 있습니다.

대부분의 사역자들은 이런 변화들이 그리스도인들의 믿음에 영향을 주지 않을 것이라고 생각합니다. 그러나 실제의 상황은 그렇지 않습니다. 왜냐하면 그리스도인들은 자신의 생활에 변화가 오면 그때부터 하나님의 뜻을 찾게 되기 때문입니다. 만일 그들이 하나님의 뜻을 잘못 이해해서 실족하는 상황에 이르게 된다면 그것은 사역자의 책임이라고도 할 수 있습니다. 왜냐하면 사역자는 그들이 안전한 믿음의 삶을 살 수 있도록 돕는 자이기 때문입니다.

이것이 교육과 관련하여 중요한 이유는 다양한 교육을 통해서 그들이 여러 가지 상황에 대처할 수 있는 방법을 배울 수 있기 때문입니다. 생활의 변화를 겪는 성도들은 훌륭한 교육자료가 될 수 있습니다. 사람들은 단순히 머리로 아는 것보다 생활 속에서 경험되는 것에 더 관심이 있습니다. 훌륭한 교육을 위해서 책상 앞에서 연구하는 것보다 오히려 그들의 생활 속에서 변화를 보고 지도하는 것이 더욱 지혜로운 교육 방법이라고 할 수 있습니다.

교회 교육의 필요성을 일깨워야 합니다

대부분 교육이 중단되는 이유들을 보면 가정에서 그 문제가 시작됩니다. 교육과 가정의 안정이 무슨 관계가 있느냐고 말할 수 있겠지만 경험이 있는 사역자라면 그 관계가 결코 무시할 수 없음을 알 수 있습니다. 어린이 교육을 함에 있어서 부모가 교회 교육에 관심이 없고, 교회에 보내지 않겠다고 하면 어린이를 위한 교육은 할 수 없습니다. 중고등 학생에 대해서도 자녀들이 신앙 교육보다는 공부가 중요하다고 교회에 가는 것을 못마땅해 하고, 교육을 받지 못하도록 한다면 역시 학생들의 교육은 엉망이 될 수 있습니다. 장년 성도들에게 있어서도 예외는 아닙니다. 부부의 관계가 원만하지 못한 상태에서 각종 성경 공부에 참석하여 교육을 받는 것은 서로에게 큰 부담이 아닐 수 없습니다.

그렇다면 사역자가 무엇을 해야 하는 것입니까? 각 가정에 교육의 필요성을 일깨울 필요가 있습니다. 배우고 싶은 사람만 오라고 말하는 교육 방식으로는 효과적인 교육을 할 수 없습니다. 사역자는 성도의 가정이 교육 환경을 갖출 수 있도록 지도해야 하며, 스스로 직접 방문하지는 않더라도 다양한 경로들을 통해 그들을 돌아볼 수 있어야 합니다. 그리고 교회 안에서 충분한 동기를 부여함으로써 교육에 참여할 수 있도록 해야 합니다.

✝ 다양한 지식을 습득해야 합니다

교육은 다양한 지식을 얻게 하는데 목적이 있습니다. 그것은 교회의 전체 흐름을 주도해 가는 것이기도 합니다. 만일 교육이 없다면 성도들은 어린아이의 수준을 벗어날 수 없습니다. 교육은 성도들로 하여금 단단한 식물(말씀)을 먹일 수 있는 좋은 기회입니다. 교회는 당연히 성숙한 그리스도인들을 양육하기 위해서 더욱 다양한 방법으로 교육시킬 필요가 있습니다.

다양한 지식을 가르치십시오

교회사, 성경의 역사, 그리고 교파연구, 이단 종교, 상담, 전도의 방법과 같은 것은 설교강단에서 충분히 가르칠 수 없습니다. 오히려 효과적인 교육이 되기 위해서는 이러한 가르침은 설교 강단이 아닌 교육 현장에서 나와야 합니다. 그래야 교회는 건강하게 성장해 갈 수 있습니다. 왜냐하면 이런 가르침은 대부분 비판적인 성격을 띠고 있기 때문에 오히려 복음이 가려지는 경우가 많고 듣는 이들도 중요한 핵심을 놓치는 경우가 많기 때문입니다.

만일 설교를 하는 중간에 다른 종교의 이단성에 대하여 설명을 하게 되면 사람들은 설교의 주제보다 그들의 이단성만을 기억하게 될 것입니다. 또한 그로 인하여 많은 질문을 받게 될 것이고, 때로는 공격을 당한 종교 단체로부터 공식적인 항의를 받게 될 수도 있습니다. 그리고 만일 그 이단 종교에 속해있거나 호의적인 생각을 가지고 있는 사람이 설교를 듣고 있다면 그들은 그 설교의 내용을 충분히 이해하기도 전에 그 교회를 떠나게 될 수도 있습니다. 이처럼 예민한 문제를 한정된 시간 안에 충분히 설명할 수 없습니다. 이러한 내용들을 설교를 통해 말하는 것은 매우 위험합니다.

그러나 그러한 주제들이 교육을 통해 가르쳐진다면 염려할 필요는 없습니다. 그들은 더 자세히 알기 위해서 질문을 하게 될 것이고, 또한 시간의 제한을 두지 않고, 충분히 이해할 때까지 배울 수 있기 때문입니다. 이처럼 교육은 어려운 주제, 논쟁거리가 될 만한 것들을 다루는 데 있어서 매우 중요합니다. 그리고 성도들이 세상에서 그들의 믿음을 지키는데 매우 유용하기 때문에 성숙한 성도들에게는 중요한 시간이라고 할 수 있습니다.

교회 운영지침을 가르치십시오

교회의 운영은 사역자 혼자 감당할 수 없습니다. 그러나 현실적인 문제는 교회의 일들을 감당할만한 일꾼이 적다는 것입니다. 처음부터 준비된 일꾼은 없습니다. 그들은 충분히 훈련이 되어야만 하고, 그 일들을 위해서 많은 시간이 필요합니다.

날 때부터 뛰어난 지도자는 없습니다. 날 때부터 뛰어난 교육자도 없습니다. 모든 경우에 있어서 그들은 충분히 훈련을 받아야 하고 그 일을 위해 많은 시간을 투자해야 합니다. 대부분의 사람들은 인내심이 부족합니다. 그들은 아직 성숙하지 않은 채 일을 시작하기를 원하고, 또한 일이 주어지지 않으면 불만을 드러내기도 합니다. 그러나 그들은 교육을 통해 교회의 운영을 배움으로써 지도자로서 훈련을 받아야 합니다. 교육(敎育)을 통한 훈련은 교회가 견고하게 성장하는데 큰 힘이 됩니다.

교회 운영에 관한 것들을 배워야 하는 이유는 그것이 세상에서 운영하는 방법과는 매우 다른 성격을 가지고 있기 때문입니다. 세상은 일반적인 경영원리를 가지고 운영하지만 교회는 오직 성경이 가르치는 원칙에 따라 운영이 되어야 합니다. 많은 교회들은 사실 이런 교육에 대한 필요성을 인정하지 않으려 합니다. 대부분의 교회들이 담임 사역자에게 집중되어 있기 때문입니다. 그러한 운영은 장차 많은 부작용을 낳게 될 것입니다. 실제로 오늘날 교회 안에는 이런 부작용으로 인하여 실족하는 성도들이 생겨나고 있습니다. 교회의 장래를 위해 성경적인 원리로 주님의 교회를 섬길 수 있는 일꾼들을 양성할 수 있어야 합니다.

사역자의 사역 방향도 이해시키십시오

성도들이 사역자의 사역 방향과 관련하여 혼선을 빚는 경우가 있습니다. 그것은 성도들을 충분히 이해시키지 못한 데서 시작됩니다. 교회의 장래를 위해 사역 방향을 정하는 것은 중요합니다. 그것은 사역자의 비전과 관련되어 있는 것이기도 합니다. 이 비전이 성도들에게 충분히 전달되었을 때 균형 있게 성장할 수 있습니다.

사역자의 비전이 크지만 성도들의 비전은 작다면 사역자는 답답할 수 있습니다. 그리고 성도들의 눈에 욕심이 많은 사역자로 비쳐질 수도 있습니다. 흔치는 않지만 반대로 사역자의 비전은 작은데 성도들의 비전이 크다면 사역자가 옹졸하게 보일 수 있습니다. 교회는 사역자의 영향력과 비전에 따라서 교회에 사람들을 더하십니다. 그러나 부조화를 이루고 있다면 교회는 계속해서 문제를 낳게 됩니다.

교회 안에서의 교육은 사역자의 비전을 소개할 수 있는 좋은 기회라고 할 수 있습니다. 일반적으로 성경 공부만을 교육의 범위로 한정하려고 하지만 실제로 사역자의 간증과 더불어 주님의 뜻을 이루어 드리고자 하는 소망에 관한 이야기를 성도들에게 전달하게 된다면 그들은 더욱 효과적으로 사역을 도울 수 있습니다. 사역자는 주님을 향한 자신의 계획을 계속적으로 성도들에게 전달할 필요가 있습니다.

📖 교회 교육의 필요성

조직은 교육을 더욱 효과적으로 할 수 있습니다. 조직은 지도자를 세우는 데 가장 효과적인 것입니다. 만일 조직이 없다면 지도자를 양성할 수 없습니다. 적절한 조직은 사역에 엄청난 능력을 드러낼 수 있습니다. 모든 그리스도인들을 한 곳에 모아 두고 교육할 수는 없습니다. 오히려 역효과를 가져올 수 있습니다. 그러나 조직은 성도들이 단계를 밟아 안정적으로 성장할 수 있도록 도와줍니다.

교육은 지도자 양성을 위해 필요합니다

조직은 지도자 훈련을 위한 가장 좋은 방법입니다. 지도자를 양성함에 있어서 경험보다 좋은 것은 없습니다. 각 교육 기관들의 지도자들을 세움으로써 그들이 지도자로서 어떻게 해야 하는지를 배울 수 있습니다. 그들은 교육할 대상들을 관리하고, 효과적인 운영 방법에 대하여 생각함으로써 지도자가 갖추어야 할 자질들을 키워갈 수 있습니다.

이런 과정에서 조심해야 할 것이 있다면 시행착오에 대하여 두려워해서는 안 된다는 것입니다. 왜냐하면 실제로 훌륭한 지도자는 시행착오 속에서 성장할 수 있기 때문입니다. 실패를 해 본 경험이 있는 사람이 전혀 실패를 해 본 경험이 없는 사람보다 다음 기회에 실패할 확률이 적습니다. 치명적인 실수가 없는 한 사역자는 그들을 잘 감싸주고 더욱 분발할 수 있도록 기회를 줄 수 있어야 합니다.

단계적으로 성장할 수 있도록 돕습니다

교육을 위해서는 다양한 모임을 만들 수밖에 없습니다. 나이, 성별, 신앙의 정도에 따라 모임을 달리해야 합니다. 그러한 다양한 모임들은 성도들이 단계적으로 신앙을 성장시킬 수 있도록 도울 수 있습니다. 사람이 태어나자마자 어른으로 성장할 수 없듯이 거듭났다 할지라도 성숙한 신앙을 갖게 되는 데는 많은 시간이 걸리게 될 것이며, 조직은 그들에게 적당한 교육을 통해 성장할 수 있도록 도울 수 있습니다.

아이들이 어릴 때는 부모의 손에서 자라다가, 유치원, 초등학교, 중고등학교, 대학교(대학원)를 거쳐 사회에 나가 스스로 적응하는 법을 배우고, 결국에는 완전히 독립적인 존재로 사회의 일원이 됩니다. 마찬가지로 교회의 조직은 이런 역할을 합니다. 비슷한 수준의 사람들을 모아놓고 그들에게 필요한 지식을 공급하고, 후에 스스로 믿음의 삶을 살아갈 수 있도록 도울 것입니다. 조직은 단계적인 성장을 함에 있어서 매우 필요합니다. 어린아이로부터 대학생에 이르는 모든 사람들을 모아두고 가르치는 교육기관이 없듯이 교회에서도 모두를 모아두고 가르칠 수는 없습니다.

교육은 균형 있게 성장할 수 있도록 돕습니다

적절한 교육은 성도들이 균형 있게 성장하는데 큰 도움을 줄 수 있습니다. 무엇을 가르칠 것인가? 그것은 모든 사람들을 대상으로 가르칠 때 하는 고민입니다. 그러나 교회가 적당한 조직을 갖게 된다면 고민할 필요가 없습니다. 사역자는 당연히 그들의 신앙 수준을 파악하고 있을 것이고, 그들의 수준에 맞는 교육 과목을 가르칠 수 있기 때문입니다.

어린아이에게 미적분과 같은 수학 과목을 가르치지 않습니다. 그들에게는 다만 숫자의 개념만을 이해할 수 있도록 가르칩니다. 그러나 그들이 장성해서 보다 높은 수준의 학문을 요구받게 되면 그들은 이보다 더 어려운 것들도 소화할 수 있어야 합니다. 그리고 이해하지 못할 때에는 과외공부를 해서라도 이해할 수 있어야 한다고 생각합니다. 교육은 그들이 더욱 훌륭한 지식을 얻게 하는데 도움을 줍니다. 그리고 균형 있는 모습으로 성장하는데 큰 도움이 됩니다. 그러므로 교육을 위해 조직은 반드시 필요합니다.

12. 사역자와 성도 간의 협력

교회는 사역자의 지도력에 의해 운영이 됩니다. 교회의 중요한 사항들을 직접 결정하기도 하며, 재정과 같은 중요한 문제에 있어서도 직접 영향력을 행사함으로써 많은 문제를 일으키기도 합니다. 이런 관행들은 많은 교회들로 하여금 기형적인 교회의 형태를 갖추도록 했습니다. 이미 안정적인 교회 운영을 하는 교회에서는 이러한 것이 아무런 문제가 되지 않을 수 있지만 재정적으로 어렵거나 안정되지 않은 교회에서는 많은 문제를 낳을 수 있습니다. 오늘날 많은 교회들이 문을 닫는 이유도 바로 이 문제가 해결되고 있지 않기 때문입니다.

재정적으로 어려운 교회에서 사역자가 모든 것을 주관하도록 한다면 사역을 담당하고 있는 자들은 전임 사역을 할 수 없습니다. 그들은 스스로 모든 문제를 해결해야만 합니다. 이것은 사실상 기형적인 교회로 가는 첫 걸음이라고 할 수 있습니다. 교회는 사역자가 사역을 할 수 있도록 최대한 배려할 수 있어야 합니다. 그것은 올바른 교회로 성장할 수 있는 가능성을 가지는 것이기도 합니다.

📖 교회는 사역자가 사역에 전념할 수 있도록 도와야 합니다

교회에서 사역하고 있음에도 불구하고 생활이 어려워 다른 직업을 가지고 있는 분들이 있습니다. 그들은 이미 주님께 헌신을 했고, 또한 매우 유능한 사역자들입니다. 그럼에도 불구하고 그들은 자신의 생계를 위해서 일을 해야만 했고, 성도들을 위해 소비되어야 할 많은 시간들을 생계를 위해 낭비하고 있습니다.

우리의 주변에는 적지 않은 사역자들이 목양의 일보다는 육신의 일에 더 관심을 가지는 경우가 있습니다. 그들은 성도들을 돌아보는 일보다는 각종 취미와 오락에 더 관심이 많은 자들입니다. 이런 사역자는 극소수에 불과하지만 그들의 행동은 사역자들이 매우 한가할 것이라는 추정을 하기에 충분합니다. 그러나 대다수의 사역자들에게 이처럼 한가한 시간은 없습니다. 왜냐하면 그들은 주님의 부르심으로 목양의 일을 하는 자들이기 때문입니다. 그래서 사역자들을 종이라고 부르기도 합니다.

주님께서 성도들을 눈동자와 같이 지키신다는 말의 뜻을 어떻게 생각하십니까?(신 32:10, 시 17:8) 아는 바와 같이 눈동자는 조금이라도 부주의하게 다루면 크게 손상을 입는 부분입니다. 그리고 보이지 않게 되면 몸에 치명적인 상황이 생길 수도 있습니다. 그래서 그것을 소중하고, 안전하게 보호해야 합니다. 마찬가지로 사역자는 성도들을 이와 같이 지켜야 합니다. 안타까운 것은 그들이 목양의 일이 아닌 다른 일로 바빠서 눈동자와 같은 역할을 할 수 없다는 것입니다.

사역의 현장에서 대부분의 사역자가 성도들을 돌아볼 수 있는 환경을 만들어 주지 못하고 있습니다. 성도들은 사역에 협력하는 것을 매우 못마땅하게 생각하기도 하고 가르치는 것에 불만을 갖기도 합니다. 또한 사역자가 여유롭게 사는 것을 원치 않으며, 가르치는 것에 대한 관심보다는 오히려 그 주변의 상황에 관심을 가짐으로써 사역자를 힘들게 만들기도 합니다. 이런 상황들이 교회의 유익을 가져다 줄 수 없습니다. 교회는 유능한 사역자의 힘만으로 성장할 수 없습니다. 사역에 전념할 수 있도록 모든 부분을 지원함으로써 교회는 건강하게 성장할 수 있습니다.

🔖 사역자의 설교를 제한해서는 안 됩니다

사역자의 설교가 부드러우면서도 날카로운 면이 있다면 그는 분명히 유능한 설교자입니다. 성경에 하나님의 말씀을 검(칼)이라고 가르치고 있다는 사실을 알고 계십니까?(엡 6:17, 히 4:12) 만일 검이 무디어져 있다면 그것이 무슨 역할을 할 수 있겠습니까? 검은 날카로울 때 그 역할을 충분히 감당해 낼 수 있습니다. 마찬가지로 하나님의 말씀이 전해질 때 성도들이 아픔을 느끼고, 마음 곳곳이 말씀에 의하여 잘라지고 있는 것을 느낀다면 그 사역자는 분명 유능한 설교자입니다. 그분은 이미 검, 즉 하나님의 말씀을 충분히 갈고 성도들 앞에서 설교를 하고 있는 자입니다.

우리의 주변에는 두 종류의 거짓 전도자들이 있습니다.

한 부류는 성도들이 듣기 좋은 소리를 계속 말함으로써 귀를 즐겁게 하는 자이며, 또 다른 부류는 하나님의 말씀이 아닌 세상의 기준과 잣대를 사용하여 성도들의 마음을 아프게 하는 자들입니다. 그러한 자들은 결국 사람들을 실족하게 하여 주님으로부터 멀어지게 만듭니다. 그러나 성령이 충만하고, 주님으로부터 소명을 받은 사역자라면 당연히 성도들이 듣기에 날카로운 말씀을 할 수밖에 없습니다.

종종 성도들이 설교자의 말씀이 자신에게 하는 것 같다고 말하는 것을 봅니다. 이는 당연하다고 말할 수 있습니다. 왜냐하면 선포되는 말씀이 회중과 관계가 없는 것이라면 그것은 아무런 의미가 없는 말씀일 수도 있기 때문입니다. 만일 청중에게 직접 와닿는 말씀이 주어졌다면 그는 매우 큰 은혜를 경험한 것입니다. 오히려 대부분의 성도들은 자신에게 주어진 말씀조차도 느끼지 못하고 지나갈 때가 많습니다.

전하는 자에게 제한을 두도록 해서는 안 됩니다. 가끔 성도들은 설교자에게 와서 이런 설교는 하지 말아달라고 하는 경우를 봅니다. 그러나 그것은 사역자와 교회를 무능력하게 만드는 것입니다. 전하는 것에 제한을 둔다면 기형적인 교회가 될 수밖에 없습니다. 전하는 일은 사역자에게 일임해야 합니다. 왜냐하면 신실한 사역자는 기도할 것이고, 성령이 충만한 상태에서 교회에 유익한 것을 말할 것이기 때문입니다.

✝ 바른 진리를 사수하십시오

대부분의 교회는 신실하게 시작하고 오직 성경을 중심으로 바른 진리를 가르치는 일에 모든 노력을 기울였지만 세월이 흐르면서 교회가 아닌 기업과 같은 집단으로 변해갑니다. 교회의 운영이 변하는 것은 시대가 변하면서 오는 자연스러운 것일 수도 있기 때문에 큰 문제가 아니라고 볼 수 있겠지만 가장 큰 문제는 진리가 변질되어간다는 사실입니다.

왜 교회 안에서 진리가 변해가는 것일까요? 많은 사람들은 사역자에 의해서 그러한 상황이 벌어질 것이라고 생각합니다. 그러나 진리의 변질은 성도들의 요구에 의해서 이루어지는 경우가 많습니다. 갑작스러운 교회의 성장은 사역자를 우상으로 만듭니다. 그래서 성경보다도 사역자를 더욱 신뢰하는 성도들을 많이 볼 수 있습니다. 그들은 사역자가 비진리를 말해도 고개를 끄덕이며 "아멘"이라고 말합니다.

일부 성도는 사역자에게 비진리를 요구하는 경우도 있습니다. 각종 의식을 교회 안에 정착시키고, 심지어 교회들이 사역자로 하여금 명예의 자리에 앉히고 눈을 멀게 하며, 교회 안에 있는 가난한 자들과 과부와 고아들을 돌보는 일들을 외면하고, 하나님의 교회와 전혀 관계없는 사회단체에 대한 기부를 통해 스스로 이름을 높이려는 행동들이 진행됩니다. 그것은 오히려 말려야 하는 것이지만 성도들은 사역자를 이용해 교회 안에 정착시키려는 모습을 볼 수 있습니다.

종종 사역자들이 바른 진리를 가르치려다가 낭패를 보는 경우들을 봅니다. 이전에 섬기던 교회와 예배의전과 교리적인 차이를 보일 때 성도들의 반응은 어떻습니까? 그들은 항의를 하고 관철되지 않으면 교회를 떠납니다. 왜 그러한 경우가 생기는 것입니까? 그들은 사역자가 전하는 진리의 내용에는 관심이 없습니다. 다만 자신들의 관습과 전통을 여전히 고수하려 합니다. 그러한 행동들은 때때로 사역자들을 혼란스럽게 만들며, 결국 바른 진리를 교회 안에서 가르치지 못하도록 만듭니다.

사역자가 무엇을 하는 자입니까? 그는 바른 진리를 가르쳐야 할 책임이 있는 자입니다. 이는 잘못된 진리를 가르쳤다면 바로잡아야 할 책임도 있음을 말합니다. 성도들은 당연히 사역자가 이런 일을 할 수 있도록 만들어주어야 합니다. 성경이 말하는 바를 제대로 가르치고 있다면 현재의 상황이 지속될 수 있도록 여건을 만들어주어야 합니다. 그것은 건강한 교회를 세울 수 있는 필수적인 조건입니다. 사역자를 겁쟁이로 만들어서는 안 됩니다. 그들은 목숨을 걸고 진리를 말해야 하는 자들입니다. 만일 그 일을 교회의 지체된 성도들이 막고 있다면 이는 매우 슬픈 일이 아닐 수 없습니다. 사역자가 진리를 말할 수 있도록 도와주십시오.

🔖 사역자를 소진시키지 마십시오

과로로 인하여 병원에 누워 있는 사역자들을 보신 적이 있습니까? 그들은 유능한 자들입니다. 왜냐하면 그들 중 대부분은 주를 섬기기기 위해 몸을 아끼지 않는 자들이기 때문입니다. 그러나 유감스럽게도 누워 있는 동안에는 성도들을 섬길 수 없습니다. 그는 병원에서 성도들을 위해 아무것도 할 수 없습니다. 종종 과로로 사역을 중단하는 사역자들을 봅니다. 물론 그들도 매우 유능한 자들입니다. 그러나 그들이 쓰러진 것은 성도들뿐만이 아니라 주님 편에서도 매우 안타까운 일입니다.

왜 과로로 인하여 쓰러지는 것입니까? 그 이유는 당연히 성도들로 인한 것입니다. 아무리 우둔한 사역자라도 자신의 취미 생활과 오락을 하면서 피로해서 쓰러지는 경우는 거의 없습니다. 그것은 오히려 더욱 건강하게 만들어줄 수 있습니다. 사역자가 잦은 심방과 상담을 한다는 것은 그만큼 성도들에게 많은 문제들이 발생되고 있음을 의미하는 것이기도 합니다. 그것은 사역자로 하여금 하나님의 일을 준비하기 위한 충분한 시간을 가질 수 없게 합니다. 성도들이 사역자를 배려하는 마음이 있다면 그들은 스스로 문제를 해결할 수 있는 법을 터득해야만 합니다. 그리고 특별한 상황이 아니라면 사역자의 시간을 빼앗는 상황이 일어나지 않도록 해야 합니다.

사역을 오래하면서 오히려 영적으로 힘을 잃는 사역자들을 봅니다. 그들은 분명히 최선을 다해서 사역을 감당해 왔던 자들입니다. 그러나 하나님의 말씀을 탐구하고(요 5:39), 기도할 시간(행 6:4)을 가지지 못함으로써 자신의 경험에 설교를 의존하게 되고, 사람들의 반응에 대해 민감해짐으로써 성도들에게 만족할 만한 양식, 즉 바른 복음을 공급하지 못하게 되는 경우들을 봅니다. 그것은 결국 성도들에게 큰 손해가 될 것입니다. 많은 사람들은 사역자가 능력이 부족하다고 탓하려고 합니다. 그러나 자세히 들여다보면 그 원인은 성도들에게 있습니다. 그들은 많은 시간들을 빼앗음으로써 사역자가 말씀과 기도에 전념하지 못하도록 만들기 때문입니다. 교회는 사역자로 하여금 많은 시간 동안 기도하고 성경을 연구할 수 있도록 도와주어야 합니다.

📖 생계비로 인해 염려하지 않도록 하십시오

어떤 이들은 사도 바울의 예를 들어 자비량 사역을 하는 것이 성경적일 것이라고 생각합니다. 그러나 그가 많은 교회들로부터 지원을 받아 왔다는 사실에 대해서 생각해야 합니다(고후 11:9). 뿐만 아니라 사역자가 자신이 일한 것에 대하여 그 삯을 받는 것은 당연한 것이라고 가르치는 바울의 모습을 기억한다면 자비량 사역을 권하는 것이 성경적이라고 고집할 수 없습니다. 오히려 그것은 사역자로 하여금 이중의 부담을 지우는 것이므로 신실한 사역을 원하는 성도들이라면 당연히 사역자의 생계 문제에 대하여 결코 가볍게 생각해서는 안 됩니다.

아직도 주변에는 많은 사역자들이 생계를 유지하기 위해 일터로 나가는 경우를 목격할 수 있습니다. 그들은 각자의 일터에서 최선을 다해 일하지만 실제로 그들의 마음이 목양의 일에 있다는 사실을 생각하면 가슴 아픈 일입니다. 그것은 마치 몸에 맞지 않는 옷을 입고 있는 것과 같습니다. 더구나 그것이 성도들의 무관심으로 인하여 발생이 되고 있는 것이라면 매우 심각한 문제가 아닐 수 없습니다.

아직도 많은 그리스도인들은 사역자의 생계비가 자신들의 생활과 무관한 것으로 여기고 있는 것이 사실입니다. 그러나 그것은 성경적인 원리만을 생각해도 결코 옳지 않습니다. 율법시대를 살았던 유대인들은 그들의 생활비를 쪼개어 제사장 지파인 레위사람들의 생계를 뒷바라지 했습니다. 12지파가 1/10을 드렸고, 또한 각종 드려진 헌물들을 그들이 먹도록 배려하는 모습들을 봅니다. 하나님께서 그렇게 하도록 명령하신 것은 하나님의 성전을 지키고, 또한 섬기는 자들이 최소한 생계를 걱정하지 않도록 하시는 하나님의 배려라고 할 수 있습니다.

사역자는 주님의 교회를 섬기는 자입니다. 오늘날 모든 성도들이 제사장이라는 이유로 특별히 사역하는 자들을 따로 둘 필요가 없다는 이들도 있습니다. 그러나 그것은 현실적으로 문제가 있을 뿐만 아니라 성경적으로도 가당치 않은 주장입니다. 주님은 분명하게 교회 안에 섬기는 자들을 두도록 하셨습니다. 그리고 그들이 교회의 일에 전념하도록 그분의 일을 위임하셨습니다. 그렇다면 당연히 성도들은 그들의 생계를 뒷받침해야 합니다. 바울이 이 일에 대하여 성도들의 의무를 강조하고 있다는 사실을 생각해 보십시오(고전 9:4-12). 주님의 일을 맡은 사역자에게 그분의 일을 맡은 책임이 부여된 것이라면 성도들 역시 사역자를 섬겨야 하는 책임이 부여되었다고 할 수 있습니다. 성도들은 마땅히 사역자의 생계를 돌봐주어야 합니다. 그것은 그들 자신에게도 유익이 되는 것이며, 또한 주님의 명령에 대하여 순종하는 또 다른 모습이기도 합니다.

📖 사역자를 위해 기도하십시오

대부분의 성도들은 사역자를 존경하며 따릅니다. 사역자를 따르는 방법은 다르지만 그들이 사역자에 대하여 좋은 생각을 가지고 있다면 신앙적으로도 큰 유익을 얻게 될 것입니다. 그러나 오늘날 많은 사람들이 사역자를 따름에 있어서 좋은 것을 선물하고, 생활을 도우며, 사역에 어려움을 느끼지 않도록 모든 힘을 다하는 것이 자신들이 할 수 있는 최선의 일이라고 생각합니다. 그러나 그것이 생활에 도움은 될 수 있을지는 모르겠지만 정작 사역자에게 필요한 것은 바로 기도입니다. 그것은 무엇보다도 중요한 일입니다.

베드로가 복음을 전하다 감옥에 들어갔을 때 예루살렘에 있는 성도들은 기도하고 있었습니다(행 12:5). 그것은 그들이 할 수 있는 유일한 것이었고, 베드로를 도울 수 있는 최고의 방법이었습니다. 그 일로 인하여 베드로는 천사의 손에 의하여 감옥에서 나왔고, 그들은 전혀 기대하지 못했던 결과를 얻게 되었습니다. 바울도 각 교회를 향해 보내는 서신마다 자신을 위해 기도해 달라는 부탁을 빠뜨리지 않았습니다. 왜 이처럼 사역자를 위해 기도하는 것이 중요할까요?

사역자는 하나님의 명령을 수행하는 자입니다. 만일 그가 영적으로 침체에 빠지게 된다면 자연히 하나님의 일을 제대로 수행할 수 없습니다. 성도들의 기도는 영적 침체에서 건져낼 수 있는 무기와도 같습니다. 그것은 사역자로 하여금 매사에 주님을 위해 헌신할 수 있도록 도울 수 있습니다. 또 다른 이유는 기도할 때에 사역자에게 무엇이 필요한지를 알 수 있습니다. 그것은 곧 사역자가 사역을 감당함에 있어서 필요한 것들을 적절하게 공급함으로써 사역의 효과를 가져다 줄 수 있습니다.

사역자에게 있어서 가장 큰 힘은 성도들의 기도입니다. 그것은 하나님으로부터 사역할 수 있는 힘을 공급받을 수 있는 통로와 같습니다. 교회가 사역자를 위해 기도하지 않는다면 그 교회는 전혀 소망이 없다고 할 수 있습니다. 사역자를 위해서 기도하는 교회, 하나님이 기뻐하시는 교회! 바로 가장 이상적인 교회의 모습을 세워갈 수 있는 중요한 수단(手段)임을 기억해야만 합니다.

✳ 에필로그

저는 신학교 4학년이었던 1986년 25세 때, 경상북도 군위에 위치한 한 농촌교회에서의 부임으로 사역을 시작하였습니다. 이후에 5개 교회를 섬겼고, 지금은 군인교회에서 사역을 하고 있습니다. 더불어 캄보디아 비거주 선교사로 2개월에 한 주씩 캄보디아로 건너가서 현지 사역자를 교육하고 있습니다.

본서의 많은 부분은 사역을 준비하는 이들이라면 충분히 인지할 수 있는 내용들입니다. 또한 선배 사역자들로부터 들어왔던 말이기도 합니다. 그럼에도 불구하고 용기를 내서 이 글을 쓴 것은 사역을 준비하는 이들이 제가 겪어 온 시행착오를 조금이라도 줄였으면 좋겠다는 바람이 있기 때문입니다.

사역에는 정답이 없습니다. 그것은 하나님께서 부르신 이들마다 각각 특별한 목적을 가지고 있기 때문입니다. 그것을 발견하기까지 많은 시간이 필요합니다. 내가 생각한 목표와 주님이 이끄시는 방향이 전혀 다를 수 있습니다. 이로 인해 수많은 갈등과 좌절을 경험하기도 합니다. 나를 향한 하나님의 뜻을 이해하지 못하면 힘겨운 사역을 지속하게됩니다. 어떤 이는 결국에 포기하는 경우를 목격하기도 합니다.

끝으로 한 가지만 더 당부합니다. 건강한 사역, 건강한 교회를 세워가기 위해서 필요한 것은 철저히 자신을 내려놓을 수 있어야 합니다. 이것은 결코 쉬운 일이 아닙니다. 다시 말해 이미 신념과 믿음이 고정되어 있다면 온전히 순종하기 쉽지 않습니다. 그러나 자신을 내려놓지 못한다면 결국 주님의 뜻을 온전히 이루어드릴 수 없습니다. 나로부터 시작된 신념을 내려놓고 주님으로부터 온 믿음으로 자신에게 주어진 일을 감당할 수 있어야 합니다.

사역을 한다는 것은 주님의 일을 대신하는 것입니다. 사역자가 세상을 사는 동안 항상 기억해야 하는 것은 주님의 종으로 살아가야 한다는 사실입니다. 종은 오직 주인의 명령을 따라 사는 자입니다. 그 명령에 순종하며 땀과 눈물을 흘릴 때 우리는 주님의 기쁨이 되고, 하늘의 상급을 받을 수 있습니다.

끝으로 지금까지 사역의 과정에서 수많은 어려움들을 함께해준 아내와 이 책이 세상에 나올 수 있도록 용기를 준 김만성 목사님, 그리고 출판할 수 있도록 길을 열어준 건강과 생명 이승훈 편집부장님께 감사를

드립니다. 이 시대에 훌륭한 주님의 일꾼들을 통해서 주님의 나라가 확
장되어가는 꿈을 꾸면서 모든 이들에게 하나님의 도우시는 손길이 함
께하기를 소망합니다.